Manfred Josuttis

Offene Geheimnisse

Predigten

Chr. Kaiser
Gütersloher
Verlagshaus

Die Deutsche Bibliothek - CIP-Einheitsaufnahme

Josuttis, Manfred:
Offene Geheimnisse: Predigten / Manfred Josuttis. - Gütersloh:
Kaiser, Gütersloher Verl.-Haus, 1999
ISBN 3-579-03086-8

Umwelthinweis:
Dieses Buch wurde auf chlorfrei gebleichtem und alterungsbeständigem Papier gedruckt. Die vor Verschmutzung schützende Einschrumpffolie ist aus umweltschonender und recyclingfähiger PE-Folie.

ISBN 3-579-03086-8
© Chr. Kaiser/Gütersloher Verlagshaus, Gütersloh 1999

Das Werk einschließlich aller seiner Teile ist urheberrechtlich geschützt. Jede Verwertung außerhalb der engen Grenzen des Urheberrechtsgesetzes ist ohne Zustimmung des Verlages unzulässig und strafbar. Das gilt insbesondere für Vervielfältigungen, Übersetzungen, Mikroverfilmungen und die Einspeicherung und Verarbeitung in elektronischen Systemen.

Umschlag: Scanlight, Marienfeld, unter Verwendung der Buchminiatur »Botschaft an die Kirche von Ephesos. Kommentar des Beatus zur Apokalypse«, fol. 70v., Tavara, um 975, Gerona.
Satz: Weserdruckerei Rolf Oesselmann GmbH, Stolzenau
Druck und Bindung: Breklumer Druckerei Manfred Siegel KG, Breklum
Printed in Germany

Inhalt

Offene Geheimnisse		
Ein homiletischer Essay		7
Anmerkungen		15
Die beiden Theologen	Galater 2,11-21	17
Wenn der Hahn kräht	Matthäus 26,69-75	23
Die sieben Engel und die sieben Plagen	Offenbarung 15,1-8	29
Die Heilung der Schwiegermutter	Markus 1,21-31	35
Die Geheimnisse der Heilsgeschichte	Matthäus 1,1-17	41
»Wenige sind auserwählt«	Matthäus 22,14	47
Der Allmächtige	Römer 4,17	52
Die Gemeinschaft der Heiligen	1. Korinther 1,26-31	58
Das Ende des Verräters	Matthäus 27,3-10	63
Ent-Bindungen	1. Korinther 7,29-31	67
Die Tiefen der Gottheit	1. Korinther 2,1-16	71
Die Sprache des Himmels	1. Korinther 14,1-10	77
Die Angst vor den Armen	Matthäus 25,31-46	83
Gottes Herrlichkeit sehen	2. Mose 33,18-23	88
Arbeit für ein ganzes Leben	Philipper 2,12-13	93
Geheimschrift	Johannes 8,2-11	98
Verborgenheit	1. Korinther 4,1-5	104
Wasser des Lebens	Johannes 4,5-24	107
Die Heilung des modernen Menschen	Markus 9,15-29	113
Das Buch, die Tränen, der Ruhm	Offenbarung 5,1-14	119
Liebe ohne Leidenschaft	1. Johannes 4,16-21	125
Die Sprengung der Familienbande	Matthäus 10,34-39	131
Vergehen	Markus 13,31-37	136
Gottesgeburten	Lukas 1,26-38	141
»Wir sind Bettler«	Jesaja 58,1-9a	144
Das Geheimnis des Messias	Markus 9,2-10	150
Der Geruch der Auferstehung	2. Korinther 2,14-17	156
Hochzeit	Johannes 2,1-11	162
Die Fülle Gottes	Epheser 3,14-21	165
Vor dem Richterstuhl Gottes	Römer 14,10-12	170
Verzeichnis der biblischen Texte		176

Offene Geheimnisse
Ein homiletischer Essay

Die Predigten dieses Bandes wurden zwischen 1990 und 1998 im Göttinger Universitätsgottesdienst gehalten. Bei der Arbeit hat sich mir immer mehr die Einsicht aufgedrängt: Die Bibel ist auch ein esoterisches Buch, das Christentum ist auch eine Mysterienreligion. Wer die Wirklichkeit dessen, wovon in den neutestamentlichen Texten die Rede ist, einigermaßen präzise erfassen will, der muß die Oberfläche des Rationalismus, der in manchen Kommentaren zu lesen und auf zahlreichen Kanzeln zu hören ist, durchstoßen. Auslegung wird unvermeidlich als Austreibung praktiziert, wenn die Autorität der Heiligen Schrift und die Realität des Heiligen Geistes nicht ernsthaft wahrgenommen werden. Dann kann man alles historisch erklären, psychologisch aktualisieren, zur Sinnstiftung einsetzen und zur Nachahmung empfehlen – aber die Macht Gottes, die das Evangelium nach Paulus (Römer 1,16) charakterisiert, wird dabei aufgelöst und zu einer menschlichen Allerweltsweisheit verflacht.

Das Wort Gottes ist und bleibt ein Geheimnis. Deshalb besteht ein zentrales homiletisches Problem in der Frage, wie man Geheimnisse weitergibt, ohne sie zu verraten.

I.

Einen wesentlichen Impuls zu einem neuen Umgang mit den biblischen Texten hat mir die Arbeit an der Verklärungsgeschichte vermittelt. Die Exegese der Perikope im deutschsprachigen Raum ist durchweg durch jene Theorie vom Messiasgeheimnis geprägt, die W. Wrede zu Anfang des Jahrhunderts entwickelt hat. Das Schweigegebot, das hier und an anderen Stellen bei Markus begegnet und das erst mit der Auferstehung Jesu seine Gültigkeit verlieren soll (Markus 9,9), sei Reflex auf einen historischen Sachverhalt, der sich in der Grundstruktur folgendermaßen beschreiben läßt: In der Urgemeinde sei das Wissen vorhanden gewesen, daß das Leben des historischen Jesus durchaus unmessianisch verlaufen sei. Erst nach Ostern habe man mit Hilfe des Materials vom δεῖος ἀνήρ sein Bild mit den Zügen göttlicher Wundermacht ausgestaltet.

E. Käsemann hat den Ertrag dieser Forschungsrichtung so zusammengefaßt: »Für Markus gilt nach dem schönen Wort von Dibelius, daß er das Buch der geheimen Epiphanien Jesu vorlegte. Rede und Tat des Christus erscheinen hier – – – als Vorwegnahme der Herrlichkeit des Auferstandenen, so daß die Historie Jesu beinahe Gegenstand eines Mysteriumdramas wird: Der zur Erde gekommene Gottessohn lüftet immer wieder sein Inkognito, um es zu Ostern völlig fallenzulassen. Sein irdisches Leben ist der Kampf, der dem Siege vorauf geht und nur vom Siege her verstanden werden kann. Wenn es sich jedoch so verhält, steht nicht mehr eigentlich die Historie im Mittelpunkt der Betrachtung. Sie liefert nur den Schauplatz, auf welchem der Gottmensch sich seinen Feinden zum Streite stellt. Die Geschichte Jesu ist hier mythisiert«.[1] Den Projektionsverdacht, der in diesem Traditionsprozeß ein Übermaß an christlicher Phantasie am Werk sieht, hat G. Bornkamm zu entkräften versucht: »So wenig der Anteil subjektiven Erlebens und dichtender Phantasie bestritten werden soll, so ist doch ihrem Grund und Ursprung nach die erst aus dem Glauben der Gemeinde erwachsene Überlieferung nicht bloßes Phantasieprodukt, sondern Antwort auf Jesu Gestalt und Sendung im ganzen«.[2]

Die beiden Zitate beweisen: Beim Streit um die Frage, was das Messiasgeheimnis ausmacht, geht es um ein Zentrum der neutestamentlichen Exegese; und die Aussagen der Fachleute zur Verklärungsgeschichte sind eingebettet in ein ganzes Geflecht von historischen, traditionsgeschichtlichen und hermeneutischen Hypothesen. Natürlich kann dazu hier kein umfassendes Alternativkonzept vorgelegt werden. Ich will nur jenen Punkt benennen, der mich zu kritischen Fragen veranlaßt hat. Angesichts einer Geheimnistheorie, die im Kern auf Geheimnislosigkeit abzielt, ist dann auch die Skepsis gegenüber anderen Behauptungen der historischen Exegese gewachsen. Wer hat die Geschichte Jesu »mystifiziert«? Die ersten Christen, die ihm Schweigegebote in den Mund gelegt haben mit der Kalkulation, sie könnten auf diese Weise das wenig wunderbare Dasein des Mannes aus Nazaret vergessen machen? Oder jene modernen Exegeten, die mit einer höchst raffinierten Vertuschungskampagne rechnen[3], auch weil sie aus der Kirchengeschichte wissen, wie sehr die Jesus-Bilder nach den Idealen der jeweiligen Glaubensgemeinde konstruiert worden sind. Freilich, interessengeleitet wären nicht nur die produktiven Phantasien der Urgemeinde. Auch das negative Reinigungsverfahren, das die Jesus-Gestalt von allen anstößigen, weil wundersamen Zügen befreit, hat ja das vorteilhafte Ergebnis erbracht, daß dieser Mann seine palästinensischen Zeitgenossen wie ein alter Marburger in die Entscheidung gerufen haben soll.

Lassen sich die Redeverbote bei Markus auch anders interpretieren? Nicht als nachträgliche Konstruktion, sondern als ursprüngliche Tradition? Nun, im Rahmen einer religionsphänomenologischen Wahrnehmung stellen sie gar nichts Außergewöhnliches dar. Religiöse Praxis findet nicht einfach auf dem Forum der Öffentlichkeit statt. Religiöse Überlieferung wird nur unter bestimmten Bedingungen weitergegeben. Religiöse Lehrer verpflichten

ihre Anhänger zur Arkandisziplin. Und religiöse Heiler ermahnen ihre Patienten bis heute, ihre Erfahrungen nicht weiterzugeben, und zwar schon deswegen, um nicht die Aufmerksamkeit des religiösen und medizinischen Establishments zu erregen (Markus 3,22). Die Schweigegebote lassen sich ohne Schwierigkeiten im Leben des Jesus aus Nazaret lokalisieren. Und auch die Tatsache, daß ein solches Gebot meistens ohne Erfolg formuliert wird, ist keineswegs singulär.
Ähnliches gilt für das zweite Motiv der Verklärungsgeschichte, das in der Diskussion um das Messiasgeheimnis immer eine wichtige Rolle gespielt hat. Was haben die drei Jünger mit ihrem Meister auf dem Berg wirklich erlebt? Handelt es sich hier um eine Osterlegende, um »eine ursprüngliche Auferstehungsgeschichte«, wie R. Bultmann[4] im Anschluß an die ältere Forschung gemeint hat? Oder ist hier von einer visionären Erfahrung die Rede, die den Betroffenen in vorösterlicher Zeit widerfahren ist? Auch solche alltagstranszendenten Wahrnehmungsformen sind in der Phänomenologie der Religion keineswegs selten. Und sie tauchen auch in der Gegenwart an den verschiedensten Stellen auf. Weil manche Theologen an ihrem Schreibtisch mit solchen Phänomenen wenig vertraut sind, verfallen sie leicht der naheliegenden Maxime: Was ich nicht erfahren habe, kann nur erfunden sein.
Wie umsichtige Forschung auf solche Berichte reagiert, kann man am Beispiel des amerikanischen Profanhistorikers D. Blackbourn[5] lernen. Der hat in seiner Studie über Marienerscheinungen im saarländischen Marpingen eine Fülle von Material über diese Phänomene, über ihre Häufigkeit, ihre sozialen Kontexte, aber auch über die Widersprüchlichkeiten der Überlieferung zusammengetragen. Trotz aller soziologischen und psychologischen Erklärungsmodelle, die er zur Interpretation anbietet, verzichtet er aber letztlich darauf, das Geheimnis dieser Erscheinungen durch ein eindeutiges Urteil über den Realitätsgehalt der Berichte aufzulösen. Die an der Weitergabe solcher Traditionen beteiligt sind, Erzähler und Erzählerinnen, Autoren und Autorinnen, Leser und Leserinnen, Prediger und Predigerinnen, Hörer und Hörerinnen müssen selber klären, was sie davon zu halten haben bzw. welcher Geist sie bei der Rezeption solcher Überlieferungen leitet.

II.

Das Geheimnis besteht in der Macht, die eine Geschichte über Menschen gewinnt. Auslegung wird zur Austreibung, wenn die Geschichte von der Macht, die sie beherrscht, gereinigt wird. Verkündigung wird zur Verkopfung, wenn biblische Überlieferung an den Maßstäben des Alltagsbewußtseins gemessen und für die Zwecke des Alltagslebens verwertet wird. Auch in der Predigt gibt es eine starke Tendenz, das Geheimnis des Glaubens in die Geheimnislosigkeit des historischen oder dogmatischen oder psychologischen Wissens zu überführen.

Es ist schon wahr: Die jüdischen und hellenistischen Urgemeinden haben sich nicht als Mysterienverein etabliert. Sie haben in der Öffentlichkeit Mission getrieben. Sie haben auch ihre heiligsten Traditionen, wie etwa die Ritualformeln der Eucharistie, der schriftlichen Kommunikation anvertraut. Und sie haben die geschichtliche Existenz ihres Kultheros gegen alle Alternativmöglichkeiten verteidigt.

Mit all diesen theologischen Operationen sollte freilich das Geheimnis der neuen Religion nicht minimiert, sondern erhalten werden. Der Weg zum Glauben ist eine Sache der Erwählung geblieben, auch wenn in der Öffentlichkeit dazu eingeladen wurde. Die Zulassung zur Abendmahlsfeier blieb an Bedingungen gebunden, auch wenn der Text des heiligen Sakraments mehr oder weniger allgemein bekannt war. Und daß Jesus ein wirklicher Mensch gewesen war, konnte das Wunder der Menschwerdung Gottes nicht herabsetzen, sondern nur steigern. Selbst der Hinweis auf die Strukturanalogie, die für den Epheserbrief in der Beziehung zwischen Mann und Frau einerseits und zwischen Christus und der Gemeinde andererseits besteht, wird mit der emphatischen Feststellung kommentiert: »Dieses Geheimnis ist groß« (Epheser 5,32).

Nicht nur in der Exegese, auch in der Predigt gibt es zahlreiche Möglichkeiten, diesen Aspekt der biblischen Tradition zu beseitigen. Maßstab ist hier in der Regel das Weltbild des »modernen Menschen«. Dabei wird meistens freilich nicht auf die fein differenzierten und hoch komplexen Entdeckungen von Physik und Biologie Bezug genommen, sondern nur das als real behauptet, was dem Alltagsbewußtsein des durchschnittlichen Zeitgenossen als wirklich erscheint. Es ist in vieler Hinsicht ein »eindimensionaler Mensch«, der durch die Kanzelreden geistert, ein Mensch, der mit Hilfe einer populärwissenschaftlich vermittelten Psychologie sich selbst, die anderen und die Rede von Gott durchschaut. Und dem die Predigt dazu verhelfen will, den Text im Rahmen seines Weltbildes zu verstehen und den Sinn des Lebens zu finden.

Ein Geheimnis kann man verstehen. Das bedeutet dann: Man kann es in seiner Unheimlichkeit und Unergründlichkeit stehenlassen und damit oder besser sogar: daraus leben. Man kann die Macht, die darin steckt, respektieren und die Angst, die das auslöst, mehr oder weniger verlieren. Man kann akzeptieren, daß man vieles, aber nicht alles im Leben erklären kann.

Im Geheimnis erfährt die rationale Wahrnehmung ihre Grenze. Weil das kein Ding ist, sondern eine Macht, steht diese Grenze nie von vornherein fest. Man kann immer neu zu fragen und immer tiefer einzudringen versuchen. Aber man gelangt in die Tiefe nur mit jener Haltung, die von Respekt, ja von Ehrfurcht geprägt ist. So kann man sich selbst und die anderen und auch die Macht des Heiligen durchaus verstehen. »Verstehen

heißt zittern«, meint H. Brodkey in einer seiner »Nahezu klassische(n) Stories«.[6]
In Predigten wird vom Geheimnis des Glaubens oft anders gesprochen. Das hängt in der Regel damit zusammen, daß das Verhältnis von Glauben und Verstehen umgedreht wird. Das Verstehen wird gleichsam als missionarische Methode verwendet. Die unausgesprochene Voraussetzung lautet: Wenn die Hörer und Hörerinnen den Text verstehen, dann werden sie das, was im Text zur Sprache kommt, auch glauben. Deshalb muß der Text an die Wirklichkeitsnormen des Alltagsbewußtseins angepaßt werden. Wenn man mit Hilfe von Verstehen Menschen in ihrem Leben »abholen« will, dann bildet dieses Realitätsmodell unvermeidlich die Brücke. Und auf dieser Brücke ereignet sich unbemerkt ein Verlust. Der Text wird verstanden, indem und weil er sein Geheimnis verliert. Er wird dann historisch erläutert, psychologisch durchleuchtet, paränetisch angewendet. Er ist durch die Predigt für die Menschen verbraucht.
Eine solche Verwertungsmentalität konzentriert sich gegenwärtig in einem einzigen Stichwort. Religion generell, aber auch Predigt und in der Predigt die Texte sollen »Sinnangebote« liefern. Pastorale Vollmacht wird als Deutungskompetenz beschrieben. In den Krisen des Lebens soll das dunkle Schicksal in das helle Licht der Rechtfertigungslehre gerückt und das verzweifelte Subjekt zu einer bewußten Religiosität geführt werden.
Schon in dieser sehr allgemeinen Umschreibung wird faßbar, daß dem Predigtziel »Sinn« sehr schnell eine Tendenz zur Rationalisierung zuwachsen kann. Gewiß steckt in jeder Lebenskrise auch eine Botschaft, wahrscheinlich sogar ein Ruf zur Umkehr. Aber andererseits ist dem Glauben nicht die Verheißung gegeben, das Geheimnis des eigenen Lebenslaufs entschlüsseln zu können. Viel wichtiger könnte angesichts der autobiographischen Dauerreflexion, in der viele gegenwärtig gefangen sind, die Fähigkeit sein, im Vertrauen auf Gott die auch quälende, manchmal wehleidige Sinnfrage zu überwinden.
Am Ende der Verklärungsgeschichte fragen die Jünger: »Was mag das heißen: von den Toten auferstehen?«. Man muß in der Predigt entscheiden, ob diese Frage ein Verstehen schon ausdrückt oder erst für die Zukunft erhofft. Die hier vorgelegten Predigten gehen von der Voraussetzung aus: Wenn das Wort Gottes Menschen erreicht und Glauben bewirkt, dann geraten sie in den Machtbereich eines Geheimnisses, das die Grenzen der Wirklichkeit erweitert und die Sinnfrage sinnlos macht.

III.

Die Bibel ist auch ein Mysterienbuch. Und dennoch hat sich die Urkirche nicht als Mysterienverein etabliert. Sie hat damit ihre Macht gegenüber dem Geheimnis des Heiligen auf sachgemäße Weise begrenzt. Man kann ein Geheimnis auflösen, man kann aber auch so hybrid sein, es selber verwalten zu wollen. In beiden Fällen nimmt man es in die eigene Regie. Die Kirche ist mit dem Kanon in die Öffentlichkeit gegangen. Das scheint so ungewöhnlich zu sein, daß bis heute untergründig die Vermutung grassiert, es müßten irgendwo in den Verliesen des Vatikans noch Geheimdokumente lagern. Und wer den Anspruch erhebt, diese Dokumente zu publizieren, gelangt sehr schnell und ausdauernd auf die Bestsellerlisten.

Natürlich ist die Öffentlichkeitsgeschichte der Bibel höchst zwiespältig verlaufen. Solange die überwiegende Mehrzahl der Bevölkerung aus Analphabeten bestand, blieb die Lektüre das Privileg einer Bildungselite. Bibelübersetzung, Bibelbesitz waren in der Großkirche jahrhundertelang nicht selbstverständlich, teilweise sogar verboten. Aber spätestens mit der Reformation gewinnt die Überzeugung an Boden: Die Bibel bietet offene Geheimnisse dar.

Wer ein Geheimnis in seinen Archiven unter Verschluß nimmt, wird Angst vor der Aufdeckung haben. Daß die heiligen Traditionen aus Banalitäten bestehen, diesen Verdacht haben schon aufklärerische Theorien vom Priesterbetrug genährt. Auch die Strategie der Veröffentlichung, der die Großkirchen gefolgt sind, ist nicht risikolos. Die heiligen Schriften werden dadurch der Beurteilung durch alle möglichen Geister ausgesetzt. Und die Theologiegeschichte besteht, solange es unabhängige Wissenschaften gibt, auch immer aus einem Streit um die Bewertung der biblischen Tradition. Die Veröffentlichung dieser Texte ist durchweg aus dem Vertrauen heraus erfolgt, sie würden im Konflikt mit religiösen, philosophischen und wissenschaftlichen Alternativen selbst für die Durchsetzung ihrer Wahrheit sorgen. Kein Widerspruch, keine Kritik kann ihre Wirkung beschränken. Und was für die Außenbeziehungen gilt, das gilt auch für den innerkirchlichen Umgang mit der Heiligen Schrift. Kein exegetischer Rationalismus, keine homiletische Banalisierung kann letztlich der Macht dieser Worte gefährlich werden. Offene Geheimnisse wollen nicht verwaltet werden, weil sie durch Veröffentlichung nicht aufgelöst werden können.

Auch für die Textrezeption in Exegese und Predigt gilt jene mahnende Frage: »Augen habt ihr und seht nicht, und Ohren habt ihr und hört nicht?« (Markus 8,18). Man darf also auf der Kanzel vor der Aufgabe nicht kapitulieren, den Respekt vor dem Charakter dieser Tradition auch sprachlich zur Geltung zu bringen. Wie artikuliert sich ein Verstehen, das mehr sein will als eine Erklärung? Wie sieht eine Auslegung aus, die dem Einfluß des Heiligen Geistes Raum lassen möchte? Wie redet man von einem Geheimnis, ohne es im selben Augenblick zu verraten? In den hier vorgelegten Predigten sind einige rhetorische Operationen enthalten, die

dem »offenen Geheimnis« der Texte, soweit das methodisch geht, gerecht zu werden versuchen.[7]
Die Entscheidung fällt wahrscheinlich schon vor der Predigt, beim Vorgang des Lesens. Man kann einen Text so präsentieren, daß er banal und nichtssagend klingt. Man kann auch durch Betonung und melodische Bögen ganz deutlich Fragen aufkommen lassen, die dann beantwortet werden sollen. Man kann sich durch die Art des Vortrags zum Herrn und Meister des Textes aufspielen, indem man die fremden Worte durch eigene Gefühle aufbläst. Man kann einen heiligen Text aber auch mit Furcht und Zittern zitieren, voller Angst vor den Drohungen, die er enthält, voller Verwunderung über die Gnade, die er verspricht. Ob das Mysterium des Glaubens zur Sprache kommen oder eine mehr oder weniger gute, theologisch fundierte Rede folgen wird, das läßt sich in vielen Fällen schon aus der Art des Lesens erschließen.
Durch diesen Akt wird aber grundsätzlich auch das Ziel des Predigens definiert. Es geht in beiden Fällen um Vergegenwärtigung eines Textes. Die geschichtliche Situation, in der er entstanden ist, ist vergangen; deshalb können historische Informationen diese Aufgabe der Aktualisierung nicht angemessen erfüllen. Wenn die Perikope durch theologische Lehren in die Gegenwart transportiert werden soll, steht nicht das Wort der Schrift, sondern die kirchliche Theologie im Zentrum. Psychologische oder soziologische Kategorien drohen die Wirklichkeit, von der die Bibel redet, in Funktionen für individuelle oder kollektive Bedürfnisse aufzulösen. Eine Vergegenwärtigung gelingt erst dann, wenn der Text in einem wesentlichen Teil hier und jetzt noch einmal geschieht.
Deshalb läßt sich eine zentrale Leitfrage für die Predigtvorbereitung so formulieren: Was aus dieser Perikope soll und kann sich jetzt wiederholen? Manchmal muß man sehr deutlich den Unterschied zwischen der Situation, von der der Text redet, und dem gottesdienstlichen Ritual markieren. Die Predigt zur Verklärungsgeschichte wird auf der Kanzel gehalten und nicht auf einem einsamen Berg im engsten Jüngerkreis. Das wird nach menschlichem Ermessen das Aktualisierungsgeschehen erheblich beeinflussen. Auf der anderen Seite ist aber festzuhalten und durch sprachliche Operationen nach Möglichkeit zu realisieren, daß auch durch die Predigt Erleuchtung ausgelöst werden kann, bei einzelnen Hörern und Hörerinnen, in unterschiedlicher Tiefe. Die reformatorische Theologie hat die sakramentale, ja kreatorische Kraft des Wortes entdeckt. Es schenkt, was es sagt. Wovon es redet, geschieht.
Um den Predigtakt für diese Wirkung offenzuhalten, kann man eine Reihe von rhetorischen Strategien verwenden. Die erste betrifft den Aufbau der Predigt. Man kann sie nach Art eines Vortrags gliedern, wie es, mit einem Gran akademischer Ironie, im letzten Beispiel dieses Bandes praktiziert worden ist. Weil zu den Stilmitteln dieses Verfahrens auch die Ankündigung der

Einzelteile gehört, wird jedes Überraschungsmoment von vornherein ausgeschlossen. Der Weg, den die Predigt dann geht, wird zum Gedankengang, nicht zu einer Expedition in das Unbekannte. Sehr viel sachgemäßer sind Konstruktionen des Aufbaus, in denen sich die Annäherung durch Kreisbewegungen abspielt. Die Mitte des Textes, die schließlich Gegenwart werden soll, wird von verschiedenen Seiten, in immer neuen Anläufen umgangen. Hörer und Hörerinnen werden in die Bewegung einbezogen, indem ihre Fragen und Wünsche und Ängste anklingen und mitgehen dürfen. Bis dann, auf dem Höhepunkt dieser Bewegung, in der Gegenwart etwas geschieht. Das Geheimnis des Textes öffnet sich und ergreift Anwesende in der Gemeinde.

Damit diese Macht zur Wirkung gelangt, ist auch die Aufgabe der Texterklärung begrenzt. Die Worte der Heiligen Schrift sollen erläutert werden in dem Sinn, daß sie jetzt in ihrer aktuellen Relevanz laut werden. Deswegen müssen die Leitmotive nach Möglichkeit wiederholt werden. Dabei geht es nicht nur um die psychologische Überlegung: Was man mehrmals gehört hat, bleibt eher in der Erinnerung haften. Diese Wirkung ist nur die Folge eines Effekts, der immer schon abläuft und in allen Meditationsübungen angewandt wird. In der Wiederholung entfaltet ein Wort seine Macht. Es erfüllt den Raum. Es dringt in die Ohren. Es verändert die Herzen.

Um dieses Geschehen in seiner unzähmbaren Intentionalität möglichst nicht zu beschränken, wird eine Predigt auf dem Höhepunkt meist nur ganz kurze Sätze, oft nur eine Reihe von Worten verwenden. Das einzelne Wort ist ein unbestimmter Impuls. Ein Satzgefüge dagegen enthält immer schon eine Setzung, die die Hörer und Hörerinnen in eine bestimmte Richtung drängt. Gerade wenn man das Zentrum eines Textes von verschiedenen Seiten umkreist hat und wenn die Zeit gekommen ist, daß das Geheimnis dieser sprachlichen Macht sich entbergen kann, sollte man auf Fixierungen jedweder Art verzichten. Ein Wort wird, so oder so, gesprochen. Es wird, so oder so, gehört und, so oder so, verstanden – und wirkt dann bei diesem oder bei jener auf seine Weise. Auch in dieser Hinsicht muß das Geheimnis offen bleiben.

Ob und wie die Offenheit eines Textes gewahrt ist, das zeigt sich nicht zuletzt am Verhältnis zwischen Reden und Beten. Eine Predigt, die Fragen beantwortet, und Probleme, wenn auch nur verbal, schon gelöst hat, macht das Gebet eigentlich überflüssig. Sie ist sich selber genug.

Eine Predigt dagegen, die sich der Macht des Heiligen ausgesetzt hat, wird weiter wirken, und zwar zunächst dergestalt, daß sie Menschen zum Dank bewegt, zur Fürbitte und zur Doxologie. Der Weg in das Leben, den jeder Gottesdienst geht, umfaßt die drei Schritte der Reinigung, der Erleuchtung und der Vereinigung. Gerade in Gottesdiensten, in denen das heilige Abendmahl nicht gefeiert wird, wird wahrscheinlich in den Stufen des Kirchengebets jener Übergang in die andere Welt vollzogen, bei dem sich die versammelte Gemeinde mit allem, was lebt, zum Lob der Himmelssphären vereinigt. Deshalb gehört zur homiletischen Arbeit, die dem Geheimnis der biblischen Texte entsprechen will, nicht nur die Anrede an die Gemeinde, sondern auch die Anrufung des heiligen Gottes.

Anmerkungen

1. *E. Käsemann,* Das Problem des historischen Jesus, in: Exegetische Versuche und Besinnungen 1, Göttingen 1960, 193.
2. *G. Bornkamm,* Jesus von Nazareth, Stuttgart 1956, 18.
3. Etwaige Widersprüche in seiner Rekonstruktion hat schon *W. Wrede,* Das Messiasgeheimnis in den Evangelien. Zugleich ein Beitrag zum Verständnis des Markusevangeliums, Göttingen 1901, 69, mit dem Argument abzuwehren versucht: »Was in der Geschichte sich stossen müsste, kann in den Gedanken neben einander stehen«.
4. *R. Bultmann,* Die Geschichte der synoptischen Tradition, 3. Aufl., Göttingen 1957, 278.
5. *D. Blackbourn,* »Wenn ihr sie wieder seht, fragt wer sie sei.« Marienerscheinungen in Marpingen – Aufstieg und Niedergang des deutschen Lourdes, Reinbek 1997.
6. *H. Brodkey,* Unschuld. Nahezu klassische Stories 1, Reinbek 1992, 256.
7. Ganz anders sind die Schwierigkeiten bei Texten gelagert, die ihr Geheimnis in verrätselter Form präsentieren, vgl. *G.M. Martin,* Das Thomasevangelium. Ein spiritueller Kommentar, Stuttgart 1998.

Die beiden Theologen

Als aber Kephas nach Antiochia kam, trat ich ihm Auge in Auge entgegen, denn er war schuldig geworden. Denn bevor einige von Jakobus kamen, hatte er gemeinsam mit den Heiden gegessen; als sie aber kamen, zog er sich zurück und sonderte sich ab, weil er die aus dem Judentum fürchtete. Und mit ihm heuchelten auch die übrigen Juden, so daß selbst Barnabas dazu verführt wurde, mit ihnen zu heucheln. Als ich aber sah, daß sie nicht richtig nach der Wahrheit des Evangeliums handelten, sagte ich zu Kephas öffentlich vor allen: Wenn du, der du doch ein Jude bist, heidnisch lebst und nicht jüdisch, warum zwingst du dann die Heiden, jüdisch zu leben?
Wir sind von Geburt Juden und nicht Sünder wie die Heiden. Doch weil wir wissen, daß der Mensch durch die Werke des Gesetzes vor Gott nicht gerecht wird, sondern durch den Glauben an Jesus Christus, sind auch wir zum Glauben an Christus Jesus gekommen, damit wir durch den Glauben an Christus gerecht werden und nicht durch die Werke des Gesetzes; denn durch Gesetzeswerke wird kein Mensch gerecht. Wenn aber wir, die wir durch Christus gerecht zu werden suchen, selbst als Sünder dastehen – ist dann Christus nicht ein Diener der Sünde? Nein! Wenn ich nämlich das, was ich niedergerissen habe, wieder aufbaue, dann mache ich mich selbst zu einem Übertreter. Denn ich bin durchs Gesetz dem Gesetz gestorben, damit ich Gott lebe. Ich bin mit Christus gekreuzigt. Nun lebe nicht mehr ich, sondern Christus lebt in mir. Solange ich aber in diesem Leib lebe, lebe ich im Glauben an den Sohn Gottes, der mich geliebt und sich selbst für mich dahingegeben hat. Ich werfe die Gnade Gottes nicht weg; denn wenn die Gerechtigkeit durch das Gesetz kommt, dann ist Christus vergeblich gestorben.

Galater 2,11-21

I.

Sie haben es schwer gehabt miteinander, die beiden Theologen. Und sie konnten auch nicht ahnen, welche Bedeutung der Streit, in den sie verwickelt waren, für künftige Generationen haben würde.
Die Geschichte war ja noch offen. Da war im Bereich einer alten Religion eine neue Jugendsekte entstanden. Da schwirrten neue Ideen durch eine politisch und sozial und religiös aufgeregte Gesellschaft. Da war keineswegs festgelegt, wie sich die neue Bewegung entwickeln würde. War diese Gruppe im Gefolge des gekreuzigten Mannes aus Nazaret überhaupt le-

bensfähig? Hatte sie etwas zu sagen, was den Menschen auf ihrem Lebensweg weiterhalf?
Petrus und Paulus, die beiden Theologen, mußten mit dem Einsatz ihrer ganzen Person in Streit geraten, damit die lebenserschließende Kraft der Sache Jesu sich klären konnte. Sie mußten einander befehden. Sie durften sich selbst und den anderen nicht schonen. Durch ihren Streit sollte sich eine neue Ordnung, eine neue Struktur für das Leben im Glauben bilden. Auffällig an unserem Text ist, daß es in allen Aussagen um ungeklärte Beziehungen geht. Auf der persönlichen Ebene, aber auch in sachlicher Hinsicht. Es gibt ja nicht nur den Konflikt zwischen Petrus und Paulus. Vielmehr muß sich in diesem Konflikt auch entscheiden, wer sonst zu wem gehört. Petrus und Paulus und Barnabas. Die Juden und die Heiden und die Christen. Die Sünde und das Gesetz und Jesus Christus. Wie sich das alles zueinander verhält, wer was tun muß, wer mit wem essen kann, wer sich wem verbunden weiß, das müssen die handelnden Personen erst noch herausfinden, indem sie miteinander ringen und aneinander leiden. Und in diesem Streit, den die beiden Theologen miteinander auszufechten haben, wird sich zeigen, was der neue Glaube für das praktische Leben bedeutet.

II.

Paulus hatte schlechte Erfahrungen mit seinem Kontrahenten gemacht. Als es in den Gemeinden von Galatien Schwierigkeiten gibt, zögert er nicht, von einem früheren Konflikt zu berichten und von der miesen Rolle, die Petrus damals gespielt haben soll.
Die Vorwürfe, die Paulus erhebt, sind eigentlich ehrenrührig. Wenn er Recht hat, muß Petrus ein sehr wankelmütiger Mann gewesen sein. Erst habe er in Antiochia mit den Christen, die aus dem Heidentum kamen, ganz selbstverständlich Tischgemeinschaft gehabt; aber als die Vertreter der strengen Richtung aus Jerusalem auftauchten, sei er sofort umgefallen. Paulus wählt ausgesprochen perfide Worte. Petrus habe sich zurückgezogen, wie man sich aus einem Feldzug feige davonschleicht. Petrus habe sich abgesondert wie ein Sektierer. Er habe geheuchelt, habe voller Angst vor den angeblich Rechtgläubigen seine eigene Überzeugung verraten.
Um so glorreicher ist das Bild, das der Apostel von sich selber entwirft. Er sei den eigenen Grundsätzen unerschütterlich treu geblieben, obwohl selbst Mitarbeiter wie Barnabas von den anderen verführt worden sind. Er sei dem Petrus »Auge in Auge« entgegengetreten. Er habe ihn in einer Gemeindeversammlung »öffentlich« zur Rede gestellt. Das alles klingt großartig, wenn man aus den Korintherbriefen nicht wüßte, daß Paulus bei seinen persönlichen Auftritten gar nicht so überzeugend und mitreißend gewirkt haben muß.

Zwei Theologen kämpfen miteinander. Und reden auch sehr giftig übereinander. Hier geht es offensichtlich um Einfluß auf andere Menschen, um Macht in den Gemeinden, um Konkurrenz und Rivalität, um Ehrgeiz und Selbstbehauptung und Durchsetzungswillen. Aber all diese persönlichen Motive, die Wünsche und Triebe der Theologen müssen letztlich der Sache dienen, die geklärt werden will. Worum geht es im Streit zwischen Petrus und Paulus?

III.

Christus oder das Gesetz – das ist für Paulus die harte Alternative. Wer zum neuen Glauben gefunden hat, darf die alten Normen nicht mehr zur Glaubensbedingung erklären. Heiden, die zum Christentum übertreten, brauchen deshalb nicht erst beschnitten zu werden. Darin müssen sich nach Meinung des Paulus alle Christen, die aus dem Judentum stammen, einig sein.
»Wir sind von Geburt Juden« – das wird in unserer Mitte nach der Geschichte unseres deutschen Volkes kaum jemand von sich sagen können. Wir sind zum christlichen Glauben in der Regel auf anderen Wegen gekommen. Was Petrus und Paulus, was später Luther und der Papst miteinander gestritten haben, das scheint jenseits unserer Lebensprobleme zu liegen. Natürlich fühlen wir uns dem paulinischen wie dem lutherischen Erbe verpflichtet. Aber daß wir deswegen um die harte Alternative Christus oder das Gesetz miteinander streiten müßten, das ist eigentlich nirgends zu sehen.
Könnte es daran liegen, daß auch im paulinischen, im lutherischen Christentum letztlich Petrus gesiegt hat? Petrus, der Theologe des Kompromisses. Petrus, der in seiner grundsätzlichen Einstellung durchaus begriffen hat, daß das alte Gesetz nicht mehr gilt. Der aber in der Praxis seines Lebens seine radikalen Einsichten nicht radikal durchzusetzen vermag. Die Verbindung zur Tradition muß doch erhalten bleiben. Die Verbundenheit mit den Brüdern und Schwestern darf man doch nicht leichtfertig aufs Spiel setzen. So daß Paulus mit seinen persönlichen Verdächtigungen im Recht ist: Das Leben, das im Herzen christlich, aber im Verhalten gesetzestreu ist, ist ein bequemes Leben, weil es sich schwierige Entscheidungen und schmerzhafte Trennungen erspart.
Christus oder das Gesetz. Im Glauben radikal, im Leben pragmatisch. Ungeheuer frei auf der einen, total gefangen auf der anderen Seite. Welchem Gesetz dienen wir?
Die Reformation ist nicht ohne Grund am Ablaßhandel entstanden und damit an der Frage, was das Geld für den Menschen und über den Menschen vermag. Was an Leben kann man sich kaufen? Heute erst recht ist das Geld

jene Macht, die Menschen in jeder Hinsicht beherrscht. Das Geld verspricht Freiheit und Glück. Das Geld quält mit Ängsten und Sorgen. Das Geld knechtet, macht käuflich an Seele und Leib. Die Gier nach Geld zerstört das Leben in der Natur und die Beziehungen zwischen den Menschen. Die lutherischen Bekenntnisschriften beschreiben die Macht dieses Gesetzes sehr realitätsgerecht. »Das ist ja auch der allergewöhnlichste Abgott auf Erden«, sagt Luther im »Großen Katechismus«. »Wer Geld und Gut hat, der weiß sich in Sicherheit und ist fröhlich und unerschrocken, als sitze er mitten im Paradies; und umgekehrt, wer keins hat, der zweifelt und verzagt, als wisse er von keinem Gott. Man wird ja ganz wenig Leute finden, die guten Muts sind und weder trauern noch klagen, wenn sie den Mammon nicht haben; das klebt und hängt der menschlichen Natur an bis ins Grab«.

Petrus, der Theologe des Kompromisses, will beides in seinem Leben miteinander vereinen, den Glauben an Gott und das Vertrauen auf Geld. Angesichts des Wirtschaftssystems, das nun die ganze Erde erobert, sieht er keine realistische Alternative. Er weiß, daß für sein gutes Mittagessen andere mit Hunger bezahlen. Er weiß, daß sein Energieverbrauch in den nächsten Tagen zum Krieg führen kann. Kann auch Petrus verstehen, warum ihm Paulus aus den Bekenntnisschriften vorhält: »diejenigen Menschen, die Gott und nicht dem Mammon vertrauen, haben Kummer und Not zu leiden, und der Teufel widersetzt sich ihnen und hindert sie, so daß sie weder Geld noch Beliebtheit noch Ehre, dazu kaum das Leben behalten. Umgekehrt, diejenigen Menschen, welche dem Mammon dienen, haben Gewalt, Beliebtheit, Ehre und Gut und werden von der Welt in völliger Ruhe gelassen«.

Wie kann Paulus solche ungeheuren Dinge sagen?

IV.

»Nun lebe nicht mehr ich, sondern Christus lebt in mir«. Das ist eine starke Behauptung. Man kann diesen Satz sicher zunächst von der persönlichen Auseinandersetzung der beiden Theologen her interpretieren. Petrus wurde von Jesus berufen, ist ihm auch nachgefolgt und hat ihn nach seiner Auferstehung als erster gesehen. Wer dessen Autorität überbieten will, der muß mehr sagen können. Paulus tut das: Ich habe noch mehr, ich bin noch mehr, Er lebt ja in mir. Das kann ein Unfehlbarkeitsanspruch von päpstlichem Größenwahn sein. »Christus lebt in mir«. Christus redet durch mich.

Aber das Selbstbewußtsein, die Erwählungsgewißheit, die Einheitsphantasie, die sich hier zu Wort melden, bilden die Grundlage für die Freiheit des Glaubens. Gegenüber dem Gesetz sind wir alle als Einzelkämpfer verloren. Gegenüber jener Macht, die menschliches Leben von Grund auf beherrscht, können wir nur unsere Ohnmacht erfahren. Bestenfalls finden wir einigermaßen erträgliche Kompromisse. Eine andere Macht muß unser Personsein

Galater 2,11-21

erfüllen. Er, der um Geld verkauft und verraten wurde, den die große Koalition von Politik und Religion zu Tode gebracht hat, Er muß in uns einziehen, damit wir zum Leben kommen. Christus oder das Gesetz – dieser einen Alternative sind wir nur mit Hilfe der anderen Alternative gewachsen – Ich oder Christus in mir.
Nicht Petrus oder Paulus, kein Kompromißler und kein Radikaler, sondern »Christus lebt in mir«. Wer das sagen kann, der ist lebensfähig geworden. Der hat keine Angst mehr vor den Konflikten, die ihn innerlich und äußerlich zu zerreißen drohen. Der ist handlungsfähig, leidensfähig, liebesfähig geworden. Die Geschichte ist offen, auch heute noch. Wir können herausfinden, wie ein menschliches Leben jenseits des Gesetzes, jenseits des Geldes aussieht.

Herr, ewiger und allmächtiger Gott,
wir danken Dir
für das Licht und die Kraft Deines Wortes.
Du hast Jesus Christus, Deinen Sohn,
durch den Tod ins Leben geführt.
Du hast die Macht des Gesetzes,
das Menschen beherrscht und Leben zerstört,
gebrochen und Freiheit gebracht.
Dir allein gilt unser Vertrauen.
Gib uns Deinen Geist,
daß wir leben lernen.

Deine Macht, Herr,
ist die Hoffnung aller Ohnmächtigen.
So bitten wir Dich
für Arme und Arbeitslose,
für Hungernde und Verfolgte,
für Ausgebeutete und Entrechtete,
für Einsame und Verzweifelte,
für Kranke und für Sterbende:
Hilf einem jeden in seiner Not.
Herr aller Herren, beweis Deine Macht.

Deine Macht, Herr,
ist die Grenze derer,
die unter uns Macht verwalten.
So bitten wir Dich
für Männer und Frauen
in Wirtschaft und Politik und Verwaltung,

*in der Justiz und in den Medien,
in den Kliniken, in den Schulen und Hochschulen,
in den Familien:
Erhalte den Frieden.
Wehre aller Kriegspropaganda.
Schaffe Recht.
Schenke Besonnenheit.
Herr aller Herren, beweis Deine Macht.*

*Deine Macht, Herr,
ist die Kraft aller,
die ein neues Leben versuchen.
So bitten wir Dich für alle,
die Dein Wort ohne Menschenfurcht
rein und klar zu verkündigen haben.
Wir bitten Dich für die,
die aus ihrer Sucht herausfinden,
die Abhängigkeit überwinden wollen,
die neue Lebensmodelle ausprobieren,
die für die Erhaltung der Schöpfung,
für die Rettung bedrohter Arten
und unterdrückter Völker kämpfen:
Vertreibe die Gier nach Geld und Macht
aus den Menschen.
Beweis Deine Macht, Herr aller Herren.*

*Weil wir aus Deiner Gnade leben
und auf Dein Reich hoffen,
bitten wir Dich
in Ungeduld und in Demut:
Vergiß nicht,
was Du versprochen hast.
Tu endlich das, was Dein Wort immer gesagt hat.
Rette und erhalte uns.
Denn Dir allein gebührt
der Ruhm und die Ehre und die Anbetung,
dem Vater und dem Sohn und dem Heiligen Geist,
jetzt und immerdar
und von Ewigkeit zu Ewigkeit.*

Amen.

Wenn der Hahn kräht

Petrus aber saß draußen im Hof; da trat eine Magd zu ihm und sagte: Und du warst auch bei Jesus aus Galiläa! Er leugnete aber vor ihnen allen und sagte: Ich weiß nicht, was du meinst. Als er aber hinausging in die Torhalle, sah ihn eine andere und sagte zu denen, die da waren: Der war auch bei Jesus von Nazaret. Und er leugnete wieder und schwor dazu: Ich kenne den Menschen nicht. Bald danach traten die Leute, die da standen, heran und sagten zu Petrus: Du bist ganz sicher auch einer von denen, denn deine Sprache verrät dich. Da fing er an, sich zu verfluchen und zu schwören: Ich kenne den Menschen nicht. Und sogleich krähte der Hahn. Da dachte Petrus an das Wort, das Jesus zu ihm gesagt hatte: Ehe der Hahn kräht, wirst du mich dreimal verleugnen. Und er ging hinaus und weinte bitterlich.

Matthäus 26,69-75

I.

Wenn der Hahn kräht, dann geht die Nacht zu Ende. Der Tag bricht an. Es wird alles klar.
»Ehe der Hahn kräht, wirst du mich dreimal verleugnen«.
Im Schatten der Nacht verschwimmen die Grenzen. Männer und Frauen tun sich zusammen in der Hoffnung auf ein gemeinsames Glück. Andere dringen in fremde Wohnungen ein, wagen einen Überfall auf der Straße. Militärstrategen kalkulieren den nächsten Angriff. Viele können vor Angst nicht mehr schlafen. Wann fällt die Bombe? Wann kommen die Panzer?
Im Schatten der Nacht verschwimmen die Grenzen. Zwischen den Menschen. Zwischen Krieg und Frieden. Zwischen Leben und Tod. Wer gehört zu wem? Wem gehört was? Wie kann man in der bedrohlichen Finsternis überleben?

II.

»Petrus saß draußen im Hof«. Eben hat er erleben müssen, wie Jesus verhört und verurteilt wurde. »Jesus schwieg. Aber der Hohepriester sprach zu ihm: Ich beschwöre dich bei dem lebendigen Gott: Sage uns, ob du der Christus bist, der Sohn Gottes. Jesus sprach zu ihm: Du sagst es. Doch ich sage euch: Von nun an werdet ihr den Menschensohn sitzen sehen zur Rechten der Allmacht und kommen auf den Wolken des Himmels. Da zerriß der Hohe-

priester seine Kleider und sagte: Er hat Gott gelästert! Was brauchen wir noch Zeugen? Siehe, jetzt habt ihr die Gotteslästerung gehört. Was meint ihr? Sie antworteten: Er hat den Tod verdient. Da spuckten sie ihm ins Gesicht und schlugen ihn mit Fäusten«.
Petrus bringt sich in Sicherheit. Das Unheil ist nicht mehr aufzuhalten. Für diesen Mann hat er alles verlassen. Nun muß er aufpassen, daß er in den Strudel von dessen Sterben nicht selber mitgerissen wird. Und er muß damit fertig werden, daß ihm alle Illusionen über eine gute, eine friedliche Zukunft genommen sind.
»Du warst doch auch dabei«, haben wir den Vätern und Müttern in der Nachkriegszeit vorgehalten. »Du hast doch auch mitgemacht«, müssen sich Männer und Frauen im Osten sagen lassen. Du hast doch auch von dem profitiert.
»Ich weiß nicht, was du meinst«. Petrus versteht die Welt nicht mehr. Er braucht Zeit, um mit seiner Enttäuschung fertig zu werden. Eigentlich müßte er jetzt allein sein. Und als die anderen ihn nicht in Ruhe lassen, verliert er allmählich die Nerven. »Ich weiß nicht, was du meinst«, das ist ja noch eine ausweichende Antwort. Aber dann leugnet er alles und schwört sogar zweimal: »Ich kenne den Menschen nicht«. Und als die anderen ihn weiter bedrängen, da verflucht er sogar sich selber.
Wer gehört zu wem? Wie kann man überleben? Im Dunkel der Nacht drohen Tod und Verderben. Einer hat alles verloren. Nun muß er alles bestreiten. Er verdammt sogar sein eigenes Dasein. Weil er mit Erfahrungen fertig werden muß, die ihn am Leben verzweifeln lassen.

III.

Wenn der Hahn kräht, dann geht die Nacht zu Ende. Der Tag bricht an. Es wird alles klar. Davor, im Dämmer der Nacht, verschwimmen die Grenzen. Wir wollen die Namenlosen nicht vergessen, die Unbekannten, die in Krisenzeiten für Klärungen sorgen, die Männer und Frauen der Straße.
»Und du warst auch bei Jesus aus Galiläa«, sagt eine Magd. Wir hören in diesen Worten sehr schnell einen Vorwurf, eine Beschuldigung. Aber der Satz kann auch ganz anders geklungen haben. Vielleicht war sie einfach nur neugierig. Oder auch voller Mitgefühl mit dem Mann, der da einsam saß und alles verloren hatte. Auf jeden Fall fehlt ihr im Matthäusevangelium jeder Zug von Zudringlichkeit; denn die zweite Frage wird hier, anders als bei Markus, von einer anderen Magd gestellt.
Was treibt die Leute auf Straßen und Plätze, wenn Todesurteile ausgesprochen sind und vollstreckt werden sollen? Das wird eine Mischung aus vielen Motiven sein. Die Sensationslust spielt eine Rolle. Das Mitleid mit den Opfern. Das lustvolle Erschrecken im Gedenken an Blutvergießen. Die Demonstra-

tion gegen alles, was in irgendeiner Weise Macht hat. Und bei alledem sagen die Männer und Frauen der Straße auch hin und wieder die Wahrheit.
»Du bist ganz sicher auch einer von denen; denn deine Sprache verrät dich«. In dieser Szene geht es zunächst nur um den galiläischen Dialekt, den Petrus wie Jesus gesprochen haben mögen. Aber dabei wird ein Sachverhalt deutlich, der auch für andere Situationen gültig sein soll.
Wer gehört zu wem? »Deine Sprache verrät dich« – und diese Sprache besteht nicht nur aus dem, was du sagst. Alles, was du tust, verrät, wer du bist und zu wem du gehörst. Wie du mit den Menschen in deiner Nähe umgehst, was du mit deinem Geld und deinem Eigentum machst, was du im Zusammenhang mit Krieg und Frieden unternimmst, in welcher Art und Weise du demonstrierst – all das ist aufschlußreich, ja verräterisch. Es sagt dem anderen, welchem Gesetz du gehorchst, welche Ziele du anstrebst, welche Mächte dein Leben beherrschen.
»Deine Sprache verrät dich«. Dieser naive Satz von der Straße ist in mancher Hinsicht unangenehm. Er verlangt Eindeutigkeit. Er macht kontrollierbar. Er setzt voraus, daß wir Zugehörigkeiten ernst nehmen. Menschen, die aus Beruf und Neigung alles hinterfragen und dann auch wieder alles begründen können, werden diesen Satz nicht gern hören. In einer grenzenlos verwirrten Gesellschaft, in der der Unterschied zwischen gut und böse, zwischen wahr und falsch verdunkelt ist, kann man auf der Straße manchmal die Wahrheit hören.
»Deine Sprache verrät dich«. So ist es. So soll es sein. Auch wenn dieser Satz für Petrus so unerträglich ist, daß er sich selber verfluchen muß.

IV.

»Und alsbald krähte der Hahn«. Was hat der zu verraten, mit seiner Sprache? Die Nacht geht zu Ende. Der Tag bricht an. Der Hahn ruft die Sonne herbei. Er weckt die Menschen. Es wird alles klar.
Wirklich?
»Da dachte Petrus an das Wort, das Jesus zu ihm gesagt hatte: Ehe der Hahn kräht, wirst du mich dreimal verleugnen. Und er ging hinaus und weinte bitterlich«.
Petrus beginnt zu begreifen. Den sie eben verurteilt haben und bald hinrichten werden, der hat Macht über sein Leben. Alles, was ihn von Jesus wegbringen sollte, die Flucht in den Hof, die Verleugnung, die Selbtverfluchung, all das hat dazu beigetragen, daß sich das verhängnisvolle Machtwort Jesu erfüllt. Mag sein, daß der Bitternis seiner Tränen auch sehr viel Bitterkeit gegen den anderen beigemengt war. Petrus kann tun, was er will. Er wird den Worten Jesu nicht mehr entrinnen. Dessen Sprache ist laut und klar und eindeutig, wie das Krähen des Hahns.

Petrus beginnt zu begreifen. Jesus selber hat ihn, den Kephas, einst »Petrus«, den Felsen, genannt. Und in der Gemeinde von Jerusalem wird er später zu den »Säulen« gerechnet werden. Nun lösen sich Härte und Stärke, Feigheit und Selbstverdammnis dieses Mannes auf. »Er ging hinaus und weinte bitterlich«. Das ist die Klarheit des Tages. Petrus hat die Macht Jesu und seine eigene Ohnmacht erkannt.

Wie geht es weiter? Die Geschichte endet mit Tränen. Mehr kann und mehr darf ich heute nicht sagen. Es sind Tränen der Reue, des Schmerzes, der Selbsterkenntnis.

Wie geht es weiter? Nach unserem Text wird das Ende des anderen erzählt, der Jesus verraten hat. »Als Judas sah, daß Jesus zum Tode verurteilt worden war, reute es ihn, und er brachte die dreißig Silberstücke den Hohenpriestern und Ältesten zurück und sagte: Ich habe Unrecht getan, daß ich unschuldiges Blut verraten habe. Sie aber sagten: Was geht uns das an? Das ist deine Sache. Und er warf die Silberstücke in den Tempel, lief fort und erhängte sich«.

Judas hat unschuldiges Blut ums Leben gebracht. Für Geld. Aber er weint nicht. Er verflucht sich nicht nur, er nimmt sich selber das Leben.

Die Mächtigen sprechen Todesurteile. Die Geldgierigen bringen andere und sich selber ums Leben. Dazwischen weint einer. Wenn Tränen fließen, lösen Besitzgier und Großmachtgehabe sich auf. Wenn Menschen in ihrer Härte und in ihrer Verzweiflung zu weinen lernen, kann Frieden wachsen.

Am Ende der Nacht sind Tränen die einzige Sprache der Hoffnung.

Lasset uns in Frieden den Herrn anrufen,
um seinen Frieden,
daß Krieg und Unterdrückung ein Ende finden,
daß die Waffen schweigen,
und alles Klagen aufhören kann;
um seine Gerechtigkeit,
daß alle Menschen in Freiheit und Glück
ihr Leben führen;
um sein machtvolles Heil,
daß die Gewalt alles Bösen begrenzt wird
und das Reich der Liebe beginnt,
lasset uns zum Herrn rufen:
Herr, erbarme Dich.

Für alle,
die jetzt in Angst und Schrecken leben,
für die Verwundeten und die Sterbenden,
für die, die das Grauen beenden wollen,

für Wehrdienstverweigerer und Deserteure,
für Politiker und Militärs,
die auf Verhandlungen drängen,
für die Männer und Frauen der Straße,
bei uns, in den baltischen Ländern und überall,
daß ihr Schreien und Schweigen gehört wird,
lasset uns zum Herrn rufen:
Herr, erbarme Dich.

Für alle, deren Hoffnung zerbrochen ist,
die nicht mehr können,
die keinen Ausweg wissen,
die Schluß machen wollen,
für die Einsamen, Kranken und Hungernden,
für Arme und Arbeitslose,
für alle, die weinen,
daß ihr Leiden sich löst
und sie ins Leben zurückfinden,
lasset uns zum Herrn rufen:
Herr, erbarme Dich.

Für alle,
die das Wort der Wahrheit sagen,
daß sie die Opfer trösten
und die Täter zur Rede stellen,
daß sie dem Bösen Einhalt gebieten
und das Gute fördern,
daß ihr Schreien Beachtung findet
und ihre Gebete gehört werden,
lasset uns zum Herrn rufen:
Herr, erbarme Dich.

Für uns alle,
die wir ratlos sind und verzagt,
daß wir in ernster Zeit zu verstehen beginnen,
wie Glaube Vertrauen bedeutet
auch in der Not,
wie Liebe Tatkraft gibt
auch in der Ohnmacht,
wie Hoffnung Geduld und Zuversicht schenkt,
auch wenn alles bedroht ist,
lasset uns zum Herrn rufen:
Herr, erbarme Dich.

Nimm Dich unser gnädig an.
Rette und erhalte uns,
denn Dir allein gebührt
der Ruhm und die Ehre und die Anbetung,
dem Vater und dem Sohn und dem Heiligen Geist,
jetzt und immerdar
und von Ewigkeit zu Ewigkeit.

Amen.

Die sieben Engel
und die sieben Plagen

Und ich sah ein andres Zeichen am Himmel, das war groß und wunderbar: sieben Engel mit den letzten sieben Plagen; denn damit kommt der Zorn Gottes zu seinem Ende.
Und ich sah, und es war wie ein gläsernes Meer, mit Feuer vermischt; und die den Sieg behalten hatten über das Tier und sein Bild und über die Zahl seines Namens, die standen an dem gläsernen Meer und hatten Gottes Harfen und sangen das Lied Moses, des Knechtes Gottes, und das Lied des Lammes: Groß und wunderbar sind deine Werke, Herr, allmächtiger Gott! Gerecht und wahrhaftig sind deine Wege, du König der Völker. Wer sollte deinen Namen, Herr, nicht fürchten und ihn nicht preisen? Denn du allein bist heilig! Ja, alle Völker werden kommen und vor dir anbeten, denn deine gerechten Taten sind offenbar geworden.
Danach sah ich: da wurde der Tempel, die Stiftshütte im Himmel, aufgetan, und aus dem Tempel kamen die sieben Engel mit den sieben Plagen; die waren in reines, helles Leinen gekleidet und trugen um die Brust einen goldenen Gürtel. Und eine der vier Gestalten gab den sieben Engeln sieben goldene Schalen voll vom Zorn des Gottes, der von Ewigkeit zu Ewigkeit lebt. Und der Tempel füllte sich mit Rauch von der Herrlichkeit Gottes und von seiner Kraft; und niemand konnte in den Tempel gehen, bis die sieben Plagen der sieben Engel beendet waren.

Offenbarung 15, 1-8

I.

Sehen. Und singen.
Menschen beginnen zu singen, wenn sie Freude erfüllt. Hingerissen vom Glück, loben sie die Schönheit des Lebens.
Menschen singen auch mitten im Leid. Trost bringen die Töne, und selbst im Sterben bewährt sich manchmal die Macht der Musik.
Sehen und singen. Johannes sieht: Menschen singen auch, wenn die Schreckensgeschichte des Lebens zu Ende geht. Selbstvergessen. Ungerührt. Ohne Rücksicht auf das Schreien und Klagen und Weinen, das den Erdball erfüllt.

II.

Johannes sieht: »niemand konnte in den Tempel gehen, bis die sieben Plagen der sieben Engel beendet waren«. Wenn die Geschichte zu Ende geht, dann ist das himmlische Heiligtum zugesperrt. Dann ist Gott, unser Gott ganz und gar unzugänglich geworden. Dann gibt es beim besten Willen nichts mehr zu verstehen. Dann kann man nur unmenschlich leiden oder ebenso unmenschlich singen.
Johannes sieht: »der Tempel füllte sich mit Rauch von der Herrlichkeit Gottes und von seiner Kraft«. Wenn die Geschichte zu Ende geht, dann ist alles undurchsichtig geworden. Die goldenen Schalen mit Gottes Zorn schweben über der Schöpfung. Eiter und Feuer und Blut fallen vom Himmel. Schmerzensschreie, gotteslästerliche Flüche gellen nach oben.
Wenn die Geschichte zu Ende geht, dann bricht noch einmal die eine Frage hervor, die die Menschen durch die Jahrhunderte hin bewegt hat: »Warum?« Warum die zerschossenen, die zerstrahlten Leiber? Die gequälten Seelen? Die hungernden Kinder?
Keine Antwort darauf. Der Tempel bleibt verschlossen. Gott ist unzugänglich geworden. Niemand kann seine Werke und seine Wege verstehen. Dennoch Gesang.

III.

Mitten im Chaos der Endzeit sieht Johannes eine Insel der Rettung. Was er erblickt, soll unsere Aufmerksamkeit abziehen von den irdischen Turbulenzen. Nicht die Schmerzensschreie sollen wir hören, nicht den schrecklichen Bildern verfallen, mit denen der Tod seine Macht in jedes Wohnzimmer trägt. Was Johannes sieht, ist das ewige Leben. Wer sich auf diese Bilder und Worte verläßt, wird allen Todesmächten entzogen sein.
Am Thron Gottes war etwas »wie ein gläsernes Meer, mit Feuer vermischt«. Nur Elemente der Schöpfung, Materialien des urzeitlichen Anfangs und des endzeitlichen Untergangs, in eine neue Ordnung gebracht. Ätherisches Fluidum einer neuen leidfreien Lebenswelt, aus der Blitz und Donner auf die alte Erde niederschlagen.
Dort, an dem durchsichtigen Feuermeer, stehen die Erwählten, die Gerechten, »die den Sieg behalten hatten über das Tier und das Bild und die Zahl seines Namens«. Offensichtlich hat sich die dämonische Macht des Bösen nicht immer direkt präsentiert, sondern auch in faszinierenden Bildern und rätselhaften Kombinationen. Offensichtlich gehört es zur Bosheit des Bösen in der Geschichte, daß es sich tarnt, daß es die Menschen lockt und umgarnt und verführt. Daß es Freiheit verspricht und ein reiches Leben und Glück und Erfüllung.

Offenbarung 15,1-8

Nur wenige werden singen am Ende der Zeit. Die meisten haben sich selbst verloren an das Machttier, an das Mammonstier, an das Todestier. Nur wenige bleiben dem einen treu, der sich in der Friedlichkeit der Taube und in der Schwachheit des Lammes gezeigt hat. Mitten in den Schrecklichkeiten der Endzeit werden sie in jenes Lied einstimmen, das Mose gesungen hat in seiner Befreiungsgeschichte, das Jesus von der Krippe bis ans Kreuz begleitet hat und das auch unser Leben trägt von der Taufe bis zum letzten Abendmahl vor dem Tod.

IV.

»Groß und wunderbar sind deine Werke, Herr, allmächtiger Gott! Gerecht und wahrhaftig sind deine Wege, du König der Völker«. Am Ende der Geschichte der Lobgesang. Alles, was Gott geschaffen hat, ist großartig und unglaublich schön. Alles, was geschehen ist, ist voller Gerechtigkeit und Wahrheit. Alles? Alles.
Sind die blind, die das singen? Haben sie das Elend, das die Erde erfüllt, nie gesehen? Nie gehört, wie Gefolterte schreien und Sterbende stöhnen? Ahnen sie nicht, was geschehen wird, wenn sich die Schalen des Zorns über die Erde ergießen?
Der Lobgesang der Schöpfung beruht nicht auf einer Analyse der gesellschaftlichen Verhältnisse. Er preist auch nicht den geistigen oder sittlichen Fortschritt, den die Menschheit wie ihre Geschichte immer wieder angestrebt und so selten erreicht hat. Der Lobpreis aller Werke und Wege Gottes fließt aus einer einzigen Quelle, aus der Ergriffenheit durch seinen Namen.
»Wer sollte deinen Namen, Herr, nicht fürchten und ihn nicht preisen? Denn du allein bist heilig!« Gott ist heilig. Deshalb ist alles, was er geschaffen hat, gut, und alles, was er geschehen läßt, wahr und gerecht. Gott ist heilig. Die im Bannkreis seiner Heiligkeit stehen, bleiben unberührt von den Schrecken des Lebens. Unbeeindruckt, unaufhörlich singen sie den Lobgesang seines Namens.

V.

Gott ist heilig. Gott ist kein Idol.
Kein schwächlicher Vater. Keine mächtige Mutter. Kein netter Kerl. Kein eilfertiger Helfer, der Minderheiten betreut. Kein strenger Lehrer, der eindeutige Wahrheiten verteidigt. Kein Geistwesen, das jenseits aller Gefühle und Triebe in reiner Selbstbezüglichkeit existiert. Keine erste Ursache und kein letztes Ziel.

Gott ist heilig. Wer ihm auch nur von Ferne begegnet, der wird von zwei Reaktionen ergriffen. Er fürchtet ihn, und er lobt ihn. In der Nähe Gottes geraten die Menschen außer sich. Furcht überfällt sie vor der gewaltigen Macht, die Leben und Tod bringen kann. Und ohne Besinnung fallen sie in jene Haltung der Demut, in der man nur anbeten, verehren, lobpreisen kann.
Wer ist Gott? Jene heilige Macht, in deren Nähe alles Leben nur singen kann. Was auch immer zu sehen ist. Alle Spannung löst sich im Klang. Alles Schreien preist seine Heiligkeit. Von seinen Werken, von uns wird bleiben am Ende der Zeit sein ewig gesungener Name.

VI.

Johannes sieht: »da wurde der Tempel, die Stiftshütte im Himmel, aufgetan, und aus dem Tempel kamen die sieben Engel mit den sieben Plagen; die waren in reines, helles Leinen gekleidet und trugen um die Brust einen goldenen Gürtel«.
Auch das gehört zur Heiligkeit Gottes. Die Boten, die Tod und Verderben über die Erde bringen, starten im überirdischen Tempel. Gott ist kein Idol, kein rachsüchtiges Monster, aber auch kein wohlmeinender Pazifist. Das Machttier, das Mammonstier, das Todestier und die, die ihm gedient haben, müssen vernichtet werden von Gottes Erde.
Die Startbahnen und Abschußrampen, auf denen unsere Todesboten ihre Vernichtungsflüge beginnen, sind deshalb teuflisch, weil sie das Gericht Gottes vorwegnehmen und sein Todesurteil über das Böse vollstrecken wollen. Leben zu zerstören, ist das Privileg dessen, der alles Leben geschaffen hat und der in sich selber heilig, lebendig ist.
Die sieben Engel, die seine unmenschlichen Befehle vollstrecken, sind »in reines, helles Leinen gekleidet« und tragen »um die Brust einen goldenen Gürtel«. Sie sind ausgestattet mit den Insignien der geistlichen und der weltlichen Macht, bekleidet mit dem weißen Gewand des Priesters, geschmückt mit dem goldenen Gürtel des Königs.
Bevor sie ihr schreckliches Werk vollendet haben, darf niemand den himmlischen Tempel betreten. Gottes Wege sind verborgen. Gottes Welt ist noch verschlossen. Sein heiliger Name wird auch von denen gepriesen, die sein unergründliches Walten nicht verstehen.
Sehen und singen. Der Sinn des Lebens.

Herr, ewiger und allmächtiger Gott.
Wir leben in Deiner Schöpfung.
Wir sehen den Glanz Deiner Werke
und erleben die Gerechtigkeit Deiner Wege.

*Wir sehen aber auch die Macht des Bösen
und erfahren die Herrschaft des Todes.
Wir ahnen die Schrecken Deines Gerichts.
Dein Wort haben wir gehört
als Trost und als Kraft
für unser Leben in dieser bedrohten Welt.
Wir danken Dir.*

*Du allein, Herr, bist der heilige Gott.
Voller Demut und voller Vertrauen rufen wir:
rette Deine Werke.
Bewahre die Erde, das Wasser und die Luft,
Befreie die Menschen von Hunger und Krankheit,
von Unterdrückung und Krieg.
Erbarme Dich der Opfer,
in Tschernobyl, im Kurdenland
und überall auf der Erde.
Du, Herr, siehst alles Elend.
Du sieht auch das,
was unsere Augen nicht mehr ertragen können.
Erbarme Dich.*

*Du allein, Herr, bist der heilige Gott.
Voller Demut und voller Vertrauen rufen wir:
Weise uns Deinen Weg.
Laß die Menschen herausfinden aus ihrem Größenwahn
und ablegen alle Angst vor dem Sterben.
Laß sie friedlich miteinander leben,
offen miteinander teilen
und aufmerksam füreinander sorgen.
Gib allen, die Verantwortung tragen
in Wirtschaft und Politik,
in Wissenschaft, Justiz und Medizin,
gib allen, die Macht haben über andere,
Einsicht, Augenmaß und Kraft,
daß sie Deine Schöpfung bewahren,
daß sie der Wahrheit dienen
und die Gerechtigkeit fördern.
Gib Deiner Kirche in aller Welt
Mut und Vertrauen,
daß nicht Menschenfurcht sie beherrscht,
daß sie in Deiner Kraft die Opfer tröstet
und in Deinem Namen die Täter zur Rede stellt.*

Du allein, Herr, bist der heilige Gott.
Voller Demut und voller Vertrauen
bekennen wir unsere Angst
vor den Menschen, die uns bedrängen,
vor den Mächten, die uns bedrohen,
vor dem Gericht, dem alles Leben entgegengeht.
Voller Demut und voller Vertrauen
preisen wir aber auch
Deinen heiligen Namen,
in Erinnerung an Deine herrlichen Taten,
in Dankbarkeit für das Geschenk dieses Lebens,
in der Hoffnung auf Dein ewiges Heil.

Nimm Dich unser gnädig an.
Rette und erhalte uns.
Denn Dir allein gebührt
der Ruhm und die Ehre und die Anbetung,
dem Vater und dem Sohn und dem Heiligen Geist,
jetzt und immerdar
und von Ewigkeit zu Ewigkeit.

Amen.

Die Heilung der Schwiegermutter

Sie gingen nach Kapernaum hinein; und gleich am Sabbat ging er in die Synagoge und lehrte. Und sie entsetzten sich über seine Lehre; denn er lehrte mit Vollmacht und nicht so wie die Schriftgelehrten. Und in ihrer Synagoge war ein Mann, besessen von einem unreinen Geist; der schrie sogleich: Was willst du von uns, Jesus von Nazaret? Du bist gekommen, um uns zu vernichten. Ich weiß, wer du bist: der Heilige Gottes! Jesus aber herrschte ihn an: Sei still und fahre aus von ihm! Und der unreine Geist riß ihn hin und her, schrie laut auf und fuhr von ihm aus. Und sie entsetzten sich alle so, daß sie sich befragten: Was ist das? Eine neue Lehre in Vollmacht! Er gebietet den unreinen Geistern, und sie gehorchen ihm! Und die Kunde von ihm durchlief sogleich das ganze galiläische Land.
Bald darauf gingen sie aus der Synagoge und kamen in das Haus des Simon und Andreas mit Jakobus und Johannes. Und die Schwiegermutter Simons lag zu Bett und hatte Fieber; und sogleich berichteten sie Jesus von ihr. Da trat er zu ihr, faßte sie an der Hand und richtete sie auf; und das Fieber verließ sie, und sie diente ihnen.

Markus 1, 21-31

Unscheinbar wirkt der Text, beinahe banal. Das ist das einzig Aufregende daran. Die Heilung, von der er berichtet, ist wenig spektakulär. Die Personen, die darin auftreten, bleiben blaß und schemenhaft. Nicht die Welt- oder die Heilsgeschichte bildet den Rahmen. Keine Invasion findet statt, wie vor ca. 60 Jahren durch unser Volk, keine Unterdrückung, kein Befreiungskampf. Der Text führt uns in jene intime, private Lebenswelt, in der es auch so etwas wie Schwiegermütter gibt.
Eine alltägliche Szene, flüchtig, zerbrechlich. Ein jüngerer Mann, am Anfang seiner kurzen Karriere, kommt ins Haus seiner neu gewonnenen Anhänger. Er faßt die fiebrige Mutter der Hausfrau für einen Moment bei der Hand und richtet sie auf. Sie fühlt sich gesund und bewirtet den Gast. Das ist schon alles. Kein großes Wunder. Kein großes Wort. Nach dem großen Auftritt in der Synagoge nun ein Blick hinter die Kulissen. Und da passiert nicht viel: Ein jüngerer Mann berührt einen Augenblick lang eine ältere Frau.
20 Sekunden vor fast 2.000 Jahren. Was wird aus uns werden, wenn wir uns in diese Szene vertiefen?

I.

Jesus aus Nazaret hat seine ersten Anhänger um sich gesammelt, vier Männer, die ihn auf seinem weiteren Weg begleiten werden. In der Synagoge von Kapernaum ist ihm, eigentlich unfreiwillig, eine erste Dämonenaustreibung gelungen. Ein Besessener hat ihn den »Heiligen Gottes« genannt; und Jesus hat den unreinen Geist zum Schweigen gebracht und verbannt. Nun zieht er sich mit seinen Freunden in das Haus des Simon zurück. Und erneut geschieht etwas Erstaunliches. Durch seine Berührung befreit er die Schwiegermutter vom Fieber.

»Vielleicht ist dies die erste Heilung gewesen, die Jesus vollbracht hat, und vielleicht hat gerade sie ihn erst gewahr werden lassen, welche Heilungskräfte Gott ihm geschenkt hatte«, heißt es dazu im Kommentar von Ernst Haenchen.

Ein erfreulicher, aber nicht ungewöhnlicher Augenblick. Ein junger Mensch entdeckt seine Fähigkeiten. Er merkt, daß er für andere wichtig sein wird. Er kann etwas, was andere nicht können. Eine Kraft strömt durch ihn und verbreitet Gesundheit. Noch ist undeutlich, ihm selbst und den anderen, was im Lauf der Zeit aus ihm werden wird. Ganz allmählich findet einer die Spuren seiner Lebensbestimmung.

Ein jüngerer Mann berührt eine ältere Frau bei den Händen. Was kann ich tun? Wozu bin ich da? Wer werde ich sein?

II.

Was im Hause des Simon abläuft, ist so unauffällig, daß es kaum der Erwähnung wert zu sein scheint. Keine Dämonenbeschwörung. Keine Massenspeisung. Keine Totenerweckung. Eine ältere Frau, vielleicht in den Wechseljahren, wird ihr Fieber los. Das Lukasevangelium hat daraus wenigstens ein großes, ein starkes Fieber gemacht. Sonst lohnt es ja nicht, davon zu erzählen und darüber zu reden.

Ein fremder Mensch tritt ins Haus. Eine Berührung passiert. Eine Unpäßlichkeit verschwindet. Mir geht es nun wieder gut. Es gibt die großen Wechselfälle des Lebens, die Zusammenbrüche, die Katastrophen. Und es gibt die alltäglichen Stimmungsschwankungen zwischen Abend und Morgen, zwischen Morgen und Abend. Körperliche Beschwerden. Geistige Abwesenheiten. Empfindungen der Niedergeschlagenheit, der Bedrückung.

Und es gibt, mitten im Alltagsgeschehen, die Augenblicke des Lichtes. Eine Stimme am Telefon. Ein strahlendes, schön geschnittenes Gesicht. Ein flüchtiger Hautkontakt. Eine herzbewegende Melodie. Die strenge Zeile eines Gedichtes.

Markus 1,21-31

Jeden Tag neu. Meistens unerwartet. Nie berechenbar. Erst recht nicht herzustellen. Augenblicke der Rührung. Kontakte, die das Leben hell und leichter machen. Botschaften aus der Nähe, die von weit her zu uns gelangen, aus großer Tiefe, aus höchster Höhe.
Ein junger Mann faßt eine ältere Frau bei den Händen. Sie fühlt sich besser. Was erleben wir zwischen Morgen und Abend an jedem Tag? Wer begegnet uns? Was rührt uns an? Wer hilft uns durchs Leben?

III.

Es wird nun höchste Zeit, daß wir in diese ätherische Szene mehr Realität hineinbringen. Der Text präsentiert ja eine handfeste Größe, die Schwiegermutter des Simon, und beseitigt damit alle abstrakten erbaulichen Phantasien.
Die Geschichte muß historisch sein, das kann niemand erfinden, sagen auch Neutestamentler, die ansonsten die Wunderberichte kritisch zerpflücken. Hier sieht man eindeutig, daß Simon Petrus, der der erste Papst gewesen sein soll, selber verheiratet war, haben nicht ohne Schadenfreude die Reformatoren dem Text entnommen. Und diejenigen Forscher, die mit einer Petrus-Partei im Urchristentum rechnen, können hier einen weiteren Beleg für dessen Führungsanspruch entdecken; nicht nur der Apostel selbst, sondern auch andere Mitglieder seines Familienclans sind hier ja vom Heilshandeln Jesu betroffen.
Aber abgesehen von diesen historischen Fragen: Was sagt ein Text, wenn er von der Heilung einer Schwiegermutter berichtet? Diese unvermeidliche Figur aus dem Verwandtschaftssystem taucht normalerweise in anderen sprachlichen Gattungen auf, in den Klatschgeschichten und in den Witzen. Über Schwiegermütter wird gelacht und gelästert. Und beides wahrscheinlich aus ein- und demselben Grund. Die Schwiegermutter verkörpert das, was man am geliebten Menschen nicht mag. An ihr kann man wahrnehmen, was man beim Partner, bei der Partnerin abdrängen muß, um die Liebe nicht zu gefährden. An der Schwiegermutter kann kritisiert werden, was die Beziehung zum anderen belastet. Weil sie das Unheimliche, das Bedrohliche des anderen zu tragen hat, spielt die Schwiegermutter in vielen Liebesgeschichten eine Art Sündenbock-Rolle.
Und nun dies, hart an der Grenze zur Peinlichkeit, besetzt von Empfindungen der Banalität. Kein Witz und keine Klatschgeschichte, sondern ein Heilungsbericht. Ein Mann berührt eine Frau. Alter und soziale Stellung dieser Matrone sagen sehr deutlich: Was zwischen beiden an Lebenskraft fließt, ist nicht einfach ein erotisches Fluidum. Es ist, in einer patriarchalen Welt, die heilsame Umkehrung einer kränkenden und ersehnten Männererfahrung. Jeder Mann, wie jede Frau, hat von der Lebenskraft der Mutter

gelebt. In den 20 Sekunden, die diese Szene gedauert haben dürfte, gibt Jesus Lebenskraft an eine Mutter zurück.
Aber eben, es ist die fremde Mutter, die hier geheilt wird, die andere, die schwierige, die abgelehnte und manchmal gehaßte.
Das Fieber, ihr Söhne und Töchter, verfliegt.

IV.

Der Text malt keine Idylle und entwirft auch kein Idealprogramm für eine heile Familienwelt. Simon wird Frau und Kinder verlassen. Er wird jenen Mann begleiten, der zu ihm ins Haus gekommen ist und seine Schwiegermutter bei der Hand gefaßt hat. Eine Szene nach dem Gottesdienst, hinter den Kulissen, in der Privatwelt. »Und das Fieber verließ sie. Und sie diente« ihm.
Was werden wir zwischen Abend und Morgen heute erleben? Wer wird uns anrühren, wenn wir anderen Menschen begegnen? Woher kommen die Botschaften, die unser Leben erhellen? Wer tritt ins Haus, wenn die Atmosphäre sich für einen Augenblick ändert?

Komm, Herr Jesus, sei Du unser Gast.

Herr, ewiger und allmächtiger Gott.
Du bist in diese Welt gekommen,
um Deine Schöpfung zu retten.
Du bist in unser Leben getreten
und hast uns bis hierher auf guten Wegen geführt.
Du hast unser Herz angerührt
und hast auch in dunklen Stunden uns weitergeholfen.
Für all das
sagen wir Dir Lob und Dank.

Weil Du ein tatkräftiger und hilfreicher Gott bist,
bitten wir Dich:
Komm in alle Häuser dieser Welt.
Komm in die Krankenhäuser und Asylantenheime,
in die Gefängniszellen und Folterkammern,
in die Flüchtlingslager und die Elendsquartiere.
Komm an die Sterbebetten,
in die Sozialstationen.
Komm zu denen, die nichts haben,
kein Dach über dem Kopf,

*kein Brot für ihren Bauch,
keinen Menschen, der sie liebt.
Vertreibe das Leid. Befördere das Leben.
Erbarme Dich.*

*Du bist ein machtvoller und gerechter Gott.
Komm in alle Häuser der Welt.
Komm in die Zentralen der Banken und der Konzerne.
In die Parlamente und Regierungsgebäude.
In die Büros und in die Fabrikhallen.
In die Verwaltungen und in die Gerichte.
In die Zeitungsredaktionen und Senderäume.
Komm in die Institute und Hörsäle.
In die Sprechzimmer, in die Prüfungsräume.
Komm in die Wohnungen,
in denen wir leben und arbeiten,
lieben und leiden.
Schenke Frieden. Schaffe Recht.
Vertreibe die Mächte des Bösen.
Erbarme Dich.*

*Du bist unser Gott, barmherzig und gnädig,
tatkräftig und hilfreich.
Komm in alle Häuser dieser Welt.
Komm in die Kirchen der Erde,
in die großen Kathedralen
und in die verborgenen Hinterzimmer,
in denen Dein Lob laut wird.
Erhöre, die zu Dir rufen.
Erleichtere alle, die vor Dir klagen.
Zeige Dich denen, die Dich suchen.
Segne die Arbeit derer,
die Dein Wort verkündigen
und Deine Kirche zu leiten haben.
Gib Weisheit, Geduld und Mut.
Erbarme Dich.*

*Nimm Dich unser gnädig an,
rette und erhalte uns.
Wenn wir leiden, besuche uns.
Wenn wir Angst haben, erleuchte uns.
Wenn wir stolz und hochmütig werden,
befreie uns von unserem Wahn.*

*Denn Dir allein gebührt
der Ruhm und die Ehre und die Anbetung,
dem Vater und dem Sohn und dem Heiligen Geist,
jetzt und immerdar
und von Ewigkeit zu Ewigkeit.*

Amen.

Die Geheimnisse der Heilsgeschichte

Dies ist das Buch von der Geschichte Jesu Christi, des Sohnes Davids, des Sohnes Abrahams.
Abraham zeugte Isaak. Isaak zeugte Jakob. Jakob zeugte Juda und seine Brüder. Juda zeugte Perez und Serach mit Tamar. Perez zeugte Hezron. Hezron zeugte Ram. Ram zeugte Amminadab. Amminadab zeugte Nachschon. Nachschon zeugte Salmon. Salmon zeugte Boas mit Rahab. Boas zeugte Obed mit Rut. Obed zeugte Isai. Isai zeugte den König David. David zeugte Salomo mit der Frau des Uria. Salomo zeugte Rehabeam. Rehabeam zeugte Abia. Abia zeugte Asa. Asa zeugte Josafat. Josafat zeugte Joram. Joram zeugte Usia. Usia zeugte Jotam. Jotam zeugte Ahas. Ahas zeugte Hiskia. Hiskia zeugte Manasse. Manasse zeugte Amon. Amon zeugte Josia. Josia zeugte Jojachin und seine Brüder um die Zeit der babylonischen Gefangenschaft. Nach der babylonischen Gefangenschaft zeugte Jojachin Schealtiël. Schealtiël zeugte Serubabel. Serubabel zeugte Abihud. Abihud zeugte Eljakim. Eljakim zeugte Asor. Asor zeugte Zadok. Zadok zeugte Achim. Achim zeugte Eliud. Eliud zeugte Eleasar. Eleasar zeugte Mattan. Mattan zeugte Jakob. Jakob zeugte Josef, den Mann der Maria, von der Jesus geboren ist, der Christus heißt.
Alle Glieder der Ahnenreihe von Abraham bis David sind vierzehn Glieder. Von David bis zur babylonischen Gefangenschaft sind vierzehn Glieder. Von der babylonischen Gefangenschaft bis Christus sind vierzehn Glieder.

Matthäus 1,1-17

Ein Geheimnis verrate ich jetzt nicht. Heute ist der 1. Dezember, der erste Sonntag im Advent. Das ist eine einfache Feststellung und steckt doch voller Rätsel. Denn durch ein solches Datum ist unser Leben auch heute mit dem Universum verwoben, mit dem Lauf der Gestirne, mit den Namen alter Götter und versunkener Reiche, mit dem Beginn einer neuen Zeitrechnung. Die symbolische Ordnung unseres Kalenders führt weit zurück und weist weit in die Zukunft. Woher kommen wir? Wohin gehen wir? Welche Mächte bestimmen heute die Zeit?

I.

Jedes Datum ist eine Mischung aus Zahlen und Namen. Zahlen und Namen dienen auch dem Text dazu, das Leben Jesu zu definieren. Das Evangelium des Matthäus beginnt, um die Geschichte jenes Mannes erzählen zu können, mit der Aufzählung seines Stammbaums. Jesus soll, wie jeder Jude, ein Nachkomme Abrahams, er soll aber auch ein Sproß aus dem Herrscherhaus der Davididen gewesen sein. Aber was wie der Nachweis von Reinrassigkeit oder blauem Geblüt aussehen mag, enthält nicht nur zahlreiche historische Rätsel, sondern steckt auch voller Geheimnisse.

Die Heilsgeschichte, die mit dem Auftreten Jesu Gegenwart wird, ist auf vielfältige Weise mit der Weltgeschichte verknüpft. Und diese Weltgeschichte ist nicht nur von politischen Konflikten erfüllt, sie wird hier auch nicht als Sozial- oder Mentalitätsgeschichte beschrieben. Die Weltgeschichte ist nicht mehr und nicht weniger als die Geschichte des Lebens. »Abraham zeugte Isaak. Isaak zeugte Jakob«. Durch die Zeiten. Durch die Generationen. Sie haben in Nomadenzelten und in Königspalästen gelebt. Sie waren als Asylanten unterwegs und haben fremde Völker unterjocht. Sie haben gehurt und gemordet und fremden Göttern gedient. Sie haben gelitten, und sie sind glücklich gewesen. Das alles ist letztlich nicht wichtig. Die Geschichte, an deren Ende der erste Advent des Heilands steht, ist eine Zeugungsgeschichte. Das ist das entscheidende Datum: Das Leben wird gegeben, das Leben wird weitergegeben. Bis der Messias erscheint.

»Alle Glieder der Ahnenreihe von Abraham bis David sind vierzehn Glieder. Von David bis zur babylonischen Gefangenschaft sind vierzehn Glieder. Von der babylonischen Gefangenschaft bis Christus sind vierzehn Glieder«. Offensichtlich ist der Evangelist der Meinung: In dieser Mischung von Zahlen und Namen steckt eine höhere Ordnung. Kann man sich dem Geheimnis der Heilsgeschichte nur nähern, indem man nach verborgenen Gesetzmäßigkeiten sucht?

II.

In der Vorgeschichte des Heils gibt es bei Matthäus zwei markante Einschnitte. Es geht um die zwei Extremerfahrungen politischer Macht und politischer Ohnmacht. Auf der einen Seite steht David mit seinem Großreich, der die Stämme Israels geeint und viele Nachbarvölker unterworfen hat. Und den Gegensatz dazu bildet die Gefangenschaft in Babylon, bilden die militärische Niederlage, die Besetzung und Verschleppung durch ein fremdes heidnisches Volk.

Der Heiland ist in diesen Erfahrungen politischer Macht und politischer Ohnmacht noch nicht auf dem Plan. Er kommt nicht – Gott sei Dank! – zu den Königen auf dem Höhepunkt ihrer Herrschaft. Er kommt aber auch nicht – wie groß ist die Not! – wenn es den Menschen, wenn es seinem erwählten Volk abgrundtief elend geht. Er kommt zu seiner Zeit. Er ist nicht angebunden an das Bedürfnis derer, die ihn zur Bestätigung ihrer Macht oder zur Beseitigung ihres Elends so gerne, so dringend benötigen. Er kommt.

Nach seiner Ordnung. An seinem Tag. Das Geheimnis der Heilsgeschichte ist nicht an den Ablauf der Weltgeschichte, ist auch nicht an die Bedürfnisse unserer persönlichen Lebensgeschichte gebunden.

III.

Die Weltgeschichte, wie der Text sie darstellt, ist eine Männergeschichte. Ein Mann zeugt einen Sohn. Das ist das Schema, nach dem sie verläuft. Daß dabei immer auch Frauen und Mütter und Töchter mitgewirkt haben müssen, scheint im Normalfall nicht erwähnenswert. In der langen Liste von Namen tauchen nur, tauchen immerhin fünf Frauengestalten auf. Tamar, Rahab, Rut, die Frau des Uria, deren Name hier nicht genannt wird, und am Schluß Maria, die Mutter Jesu.

Warum sind diese fünf Frauen in diese patriarchale Textwelt geraten? Haben sie etwas gemeinsam? Tamar wurde nach dem Tod ihres Mannes ihrem Schwager Onan zur Frau gegeben, der zu verhüten wußte, daß sie von ihm ein Kind bekam; sie hat sich dann, als Hure verkleidet, bei ihrem Schwiegervater eingeschlichen und von ihm schwängern lassen. Rahab, die Dirne aus Jericho, hat ihr eigenes Volk verraten und die Israeliten bei der Eroberung der Stadt unterstützt. Rut, die junge Flüchtlingswitwe, von Hunger und Armut bedroht, hat zielstrebig einen reichen Verwandten für sich gewonnen. Und die Frau des Uria, die David von seinem Palast beim Baden beobachtet hatte, hat es verschmerzt, daß ihr Mann durch den König in den Tod geschickt wurde und daß ihr erster gemeinsamer Sohn der Strafe Gottes anheim fiel.

Tamar. Rahab. Rut. Bathseba. Ausländerinnen? Sünderinnen? Auf jeden Fall Frauen, durch die die Geschichte des Lebens in ungewöhnlicher Weise weitergegangen ist. Gottes Heil entzieht sich den Macht- und Ohnmachtserfahrungen der politischen Welt. Und Gottes Heil ist auch an die Ordnungen, nach denen die Geschlechter miteinander verkehren, nicht gebunden. Versorgungsdenken und Vaterlandsverrat, Mord, Ehebruch, alle Spielarten des Egoismus – Gottes Heil kommt auch auf ungewöhnlichen Wegen zum Ziel.

Deshalb ist es für Matthäus eigentlich konsequent, daß die Beziehung der Geschlechter auch auf dem Höhepunkt der Heilsgeschichte eine erhebliche Störung enthält. Jesus ist von Maria geboren, aber vom heiligen Geist empfangen. Der Evangelist hat das verbreitete Motiv der Geburt aus der Jungfrau übernommen, obwohl es der Logik des Stammbaums eigentlich widerspricht. Wenn Josef nicht der leibliche Vater Jesu gewesen ist, dann ist die Abstammungskette von David her ja an der entscheidenden Stelle unterbrochen. Aber das scheint hier auch gar nicht wichtig zu sein. Es geht hier nicht um die Abwertung von Leiblichkeit oder die Verachtung von Sexualität. Es geht darum, und das ist die große Kränkung aller männlicher Potenzphantasien, daß der Heiland der Welt aus einem weiblichen Schoß, aber nicht aus männlicher Zeugungskraft stammt. Im Zentrum der Lebensgeschichte ist der Strom der Zeugungen unterbrochen.

IV.

Die Heilsgeschichte hat ihr eigenes Geheimnis. Sie entzieht sich den Machterfahrungen der politischen Welt. Und sie durchbricht auch die kulturellen Muster wie die biologischen Regeln des Lebens. Ist dieses Geheimnis undurchdringlich?
»Alle Glieder der Ahnenreihe von Abraham bis David sind vierzehn Glieder. Von David bis zur babylonischen Gefangenschaft sind vierzehn Glieder. Von der babylonischen Gefangenschaft bis Christus sind vierzehn Glieder«. In der Fülle der Namen, im Chaos der Schicksale gibt es für Matthäus eine Ordnung der Zahlen. Die erste Ankunft des Heilands hat sich nach einer Gesetzmäßigkeit vollzogen, die man in Zahlen einfangen kann. Und immer wieder hat es ja in der Kirchengeschichte Versuche gegeben, aus den Zahlenangaben der Bibel auch die letzte Wiederkunft Christi vorauszuberechnen. Was liegt hier vor? Ein spekulatives System? Eine hybride Geschichtsphilosophie? Eine theologische Arbeit, die das Geheimnis Gottes wie die Wirklichkeit der Geschichte in gleicher Weise verletzt?
In drei mal vierzehn Generationen wurde das Leben für die Geburt des Heilands präpariert. Drei mal zwei mal sieben. Die großen heiligen Zahlen haben diese Geschichte bestimmt. So wie sie bis heute im Alltag unsere Weltwahrnehmung und unsere Lebensgestaltung bestimmen. Wir leben als Mann oder als Frau, am Tag und in der Nacht, zwischen rechts und links, zwischen oben und unten. Himmel, Erde und Unterwelt bilden den Kosmos. Körper, Seele und Geist ergeben eine Person. Glaube, Hoffnung und Liebe sind die Grundkräfte unseres Lebens. Sieben Planeten durchziehen den Himmel. Sieben Töne bilden das Fundament der Musik. Sieben Tage ergeben die Wochenzeit. Sieben Bitten sprechen wir im Herrengebet.
Mit Hilfe von Namen und Zahlen erfassen wir Menschen die Welt. Im Rahmen von Namen und Zahlen ist das Heil Gottes geschehen. 2. 3. 7. 10. 12. 40. 366. 144.000. Es ist ein einziger dreieiniger Gott. Der Vater. Der Sohn. Der heilige Geist.
Geheimnis des Glaubens.
Am Schluß des Matthäusevangeliums spricht Jesus, der Christus: »Siehe, ich bin bei euch alle Tage bis an das Ende der Welt«. Heute ist der 1. Dezember 1991, der erste Sonntag im Advent. Ein Jahr des Herrn. Ein Tag des Heils.

Herr, ewiger und allmächtiger Gott.
Du hast die Erde geschaffen.
Du regierst die Geschichte.
Alles geschieht
nach Deinem heiligen, gerechten und guten Willen.
Vom Anfang dieses Tages bis zu seinem Ende.
Vom Beginn jedes Jahres bis zu seinem Schluß.
Von der Erschaffung der Zeit bis in alle Ewigkeit.
Wir danken Dir, Herr,
daß Du durch menschliche Macht und Ohnmacht,
durch unser persönliches Glück und Leid
den Weg gehst, der zum Ziel führt,
in Dein Reich,
zu Deiner Herrlichkeit.

Herr, wir bitten Dich,
vergiß in der Unergründlichkeit Deines Heils
die Menschen nicht,
die Macht verwalten und Ohnmacht erfahren.
Wir bitten Dich für alle,
die in Wirtschaft und Politik,
in Justiz, Verwaltung und Medien
Verantwortung tragen.
Wir bitten Dich für alle Forschung und Lehre,
für alle Prüfungen an unserer Universität.
Wir bitten Dich
für die Armen und Arbeitslosen,
für Verzweifelte, Kranke und Sterbende,
für Hungernde, für vom Krieg Geschlagene,
für Ausgebeutete und Verfolgte.
Sorg Du für Hilfe.
Vertreibe Verblendung und Machtgier.
Schenke Recht und Erbarmen.

Wir bitten Dich, Herr,
vergiß in der Unergründlichkeit Deines Heils
die Menschen nicht,
die Liebe suchen
und Trost für ihre verwundeten Seelen.
Gib Frieden in Ehen, Familien und Partnerschaften.
Gib Nüchternheit in der Leidenschaft,
Besonnenheit in Krisen,
Lebendigkeit in der Beziehungsroutine.

Behüte die Kinder.
Stärke die Heranwachsenden.
Erhelle alle, die vor schweren
Entscheidungen stehen.
Mach dankbar im Glück.
Gib Trost in der Trauer.
Begleite uns alle durch unser Leben.

Wir bitten Dich, Herr,
vergiß in der Unergründlichkeit Deines Heils
die Menschen nicht,
die Dich suchen und Dein Geheimnis verstehen wollen.
Sei mit allen, die Dein Wort lehren und lernen,
die Deine Botschaft auszulegen
und zu verkündigen haben.
Sei mit denen, die in ihren Wissenschaften
nach Dir suchen,
indem sie Namen und Zahlen erforschen,
indem sie neue Methoden entwickeln
und neue Systeme entwerfen.
Du bist das Ziel.
Sei aber auch mit denen,
die sich in ihrer Sucht verlaufen haben,
weil sie ein Ziel ahnen,
aber den Weg nicht finden.

Du bist das Ziel.
Sei mit uns allen,
mit unseren Fragen und Zweifeln,
mit unserer Sehnsucht und unserer Gewißheit,
mit unserer Hoffnung auf Dein Heil.
Du bist das Ziel.
Nimm Dich unser gnädig an.
Rette und erhalte uns.
Denn Dir allein gebührt
der Ruhm und die Ehre und die Anbetung,
dem Vater und dem Sohn und dem Heiligen Geist,
jetzt und immerdar
und von Ewigkeit zu Ewigkeit.

Amen.

»Wenige sind auserwählt«

Denn viele sind berufen, aber wenige sind auserwählt.

Matthäus 22,14

I.

Warum nicht abgetrieben? Warum nicht ausgesetzt? Warum nicht im Bombenhagel oder im Gas zu Tode gekommen? Warum die Operation überlebt? Warum nicht in den Slums von Kalkutta zum Hungern verdammt? Warum in der schlimmen Zeit nicht endgültig Schluß gemacht?
»Viele sind berufen. Aber wenige sind auserwählt«.
Ob die Mutter, ob der Vater mich wirklich liebhatten? Werden die anderen nicht besser behandelt? Bin ich für diesen Beruf geeignet? Werde ich die Stelle bekommen? Wird der andere Mensch meine Liebe lebenslang wirklich erwidern?
»Viele sind berufen. Aber wenige sind auserwählt«.
Warum bin ich da? Wer hat mich gewollt? Was wird aus mir werden?
Die Frage nach der Erwählung ist ein zentrales Problem jedes Lebens. In allen Bereichen spielt sie eine wichtige Rolle. In den sozialen Beziehungen. Im Beruf. In der Partnerschaft. In den Krisen des Selbstwertgefühls. In den Katastrophen von Krankheit, Unfall und Tod. Immer geht es um das eine, um Lebensgewißheit.
Die Frage nach der Erwählung ist deshalb auch ein unendliches Problem, das uns lebenslang begleitet und quält. Die Eltern können ein Kind mit aller Liebe umhegen, die ihnen zur Verfügung steht. Mann und Frau können einander zahllose Beweise ihrer Zuneigung liefern. Das Leben kann einen Menschen mit Glück und Erfolg überschütten. Merkwürdigerweise bleibt meist ein Rest an Unersättlichkeit.
Die Frage nach der Erwählung ist schließlich auch ein unheimliches Problem. Weil sie die Grenzen aller Erfahrbarkeit überschreitet. Wer hat mich gewollt? Das führt in die Tiefe einer unergründlichen Vergangenheit. Was wird aus mir werden? Das reicht hinaus in die Ferne einer unendlichen Zukunft. Wer behütet mich heute? Heute!

II.

»Viele sind berufen. Aber wenige sind auserwählt«. Jesus redet gerade die Frommen an, die ihres Gottes gewiß sind. Und er redet so, daß seine Aussage Angst macht. Wenn seine Behauptung stimmt, müßte man in der Volkskirche unruhig werden.

»Viele sind berufen«. Das bedeutet einerseits: Die Lebensgewißheit jedes Menschen findet ihre letzte Begründung in Gott. In allen zwischenmenschlichen Beziehungen kann es auf die Fragen, wer ich bin und wozu ich da bin, immer nur relative Antworten geben. Das eine entscheidende Fundament für mein Leben ist mit der Berufung durch Gott gelegt. Niemanden unter uns haben seine Eltern, so wie er, wie sie ist, gewollt. Er, der unendliche Grund allen Seins, er hat alles gewollt, was ist. Er hat auch jeden Menschen gewollt, wie dessen Schicksal auch immer aussehen mag. Er hat auch jeden von uns gewollt, in dieses Leben gerufen, zum ewigen Leben bestimmt.

Wir sind berufen. »Aber wenige sind auserwählt«. Darin steckt, auf der anderen Seite, auch eine bedrohliche Einschränkung aller Lebensgewißheit. Man kann in seinem Beruf versagen. Man kann die Liebe anderer Menschen verlieren. Man kann mit seinen Lebensplänen scheitern. Das alles ist schlimm, wenn es eintritt. Aber nun auch dies: Man kann offensichtlich auch die Berufung Gottes verlieren. Die Chancen, die einem jahre- oder jahrzehntelang eingeräumt werden, kann man verspielen. Die Gaben, mit denen man ausgestattet ist, kann man mißbrauchen. Die Berufung, die ihm von Urzeiten an zugedacht war, kann ein kleiner erbärmlicher Mensch gegen den Willen Gottes zuschanden machen.

»Viele sind berufen. Aber wenige sind auserwählt«. Wenn das wahr ist, was Jesus behauptet, dann müßte sich einiges ändern. Im Leben der einzelnen Christen. Im Leben der Kirche.

III.

Wie lebt man erwählungsgemäß? Die Angst vor dem Urteil Gottes hat in der Geschichte der Kirche viele merkwürdige Gestalten hervorgebracht. Wenn nicht alle, die durch Geburt und Taufe berufen sind, auch schon zu den Erwählten gehören, dann muß sich die christliche Elite in bestimmten Modellen darstellen. Und das Panoptikum der Frömmigkeitsgeschichte ist von vielen liebenswerten, aber auch manchen monströsen Figuren bevölkert. Wie wird man der eigenen Erwählung gewiß?

Man kann die Zuwendung Gottes am Segen ermessen, der einem zuteil wird, am Besitz, der einem anvertraut ist, an den Gütern und Gaben, die man erwirbt. Also muß man versuchen, ein sparsames, ein enthaltsames Leben zu führen. Die irdischen Schätze, die sich ansammeln werden, kön-

nen die Gewißheit vermitteln, daß man auch die himmlischen Schätze ererben wird. Der Geist des Kapitalismus, der sich heute als so siegreich erweist, ist, wenn Max Weber Recht gehabt hat, auf dem Boden des Erwählungsproblems entstanden.
Man kann die besondere Zuwendung Gottes aber auch im Leiden erfahren, im Kreuz, das man in der Nachfolge des Heilands zu tragen hat. Und wem es zu gut geht, der muß sein Fleisch kasteien. Er muß Buße tun in Prozeduren, die für Leib, Seele und Geist voller Schmerzen sind.
Man kann die Erwählung Gottes durch das Erlebnis einer Wiedergeburt, einer Bekehrung erfahren, durch die Vernichtung des eigenen Willens, durch die Unterdrückung der Triebe. Man kann den erwählten Menschen in pausenloser Freundlichkeit, in unerschütterlicher Nettigkeit präsentieren.
Tag für Tag, Stunde für Stunde sind wir damit beschäftigt, ein Bild zu entwerfen. Das Idealbild, das den Erwartungen der Eltern, den eigenen Wünschen, den Vorstellungen der Partner, den Geboten Gottes entspricht.
Bin ich berufen? Bin ich erwählt? Bin ich geliebt?

IV.

»Viele sind berufen. Aber wenige sind auserwählt«. Das ist wahr. Es gibt Unterschiede. Nicht alle haben die gleichen Lebenschancen. Nicht alle erfahren dasselbe Maß an Liebe und Glück. Nicht alle, die leben, sind auf der Erde willkommen, werden freudig begrüßt und andauernd bejaht. Sollte auch Gott einer sein, der nicht alle seine Geschöpfe gleichmäßig liebt? Ein ungerechter Vater? Ein unzuverlässiger Partner? Ein willkürlicher Tyrann? Gott ist, wie er ist. Allmächtig und barmherzig. Unermeßlich in seiner Liebe. Unergründlich in seiner Gerechtigkeit. Er hat die Welt geschaffen, und doch herrscht das Böse darin. Er beruft Menschen. Er erwählt Menschen. Und läßt manche, läßt vielleicht sogar die ganze Menschheit in ihr Verderben laufen.
Das ist unheimlich. Das macht Angst. So ist Gott.
Dieser Gott beruft um Jesu Christi willen Menschen, daß sie Sein Wort verkündigen. Kraft des mir befohlenen Amtes sage ich dir:
Gott hat dein Leben gewollt.
Gott hat dich zu seiner Gemeinde berufen.
Gott hat dich zum ewigen Leben erwählt.

Herr, ewiger und allmächtiger Gott.
Wir danken Dir, daß wir leben.
Durch Zufall gezeugt,
ins Dasein geworfen,

sind wir nach Deinem ewigen Willen da.
Deine Schöpfung ist unsere Welt.
Dein Sohn ist unsere Rettung.
Dein Geist ist unser Leben.
Dein Reich ist unser Ziel.

Herr, zwiespältig, unheimlich ist vieles,
was uns umgibt.
Deshalb bitten wir Dich
um die Klarheit Deines Wortes
und die Eindeutigkeit Deiner hilfreichen Tat:
für alle Menschen in ihrem Leid,
für Einsame, Arme und Alte,
für Verzweifelte, Kranke und Sterbende,
für Hungernde, Gefangene, Gefolterte,
für alle, die ein Krieg heimsucht,
für alle, denen Unheil droht.
Erhöre das Klagen.
Vergib alles Fluchen.
Schaffe Hilfe und Rat.

Herr, zwiespältig, unheimlich ist vieles,
was uns umgibt.
Deshalb bitten wir Dich um die Klarheit Deines Wortes
und um die Eindeutigkeit Deiner hilfreichen Tat:
für alle, die vor schweren Entscheidungen stehen:
in Wirtschaft, Politik und Verwaltung,
in den Personalabteilungen der Betriebe,
bei Tarifverhandlungen,
in Forschung und Lehre,
bei den Prüfungen,
in den Kliniken und Gerichten,
bei allen persönlichen Fragen,
in denen Lebensentscheidungen fallen
und über die Zukunft von Menschen bestimmt wird.
Befördere das Gute,
sorge für Frieden und Recht,
gib Glück und Gelingen.

Herr, zwiespältig, unheimlich ist vieles,
was uns umgibt.
Deshalb bitten wir Dich
um die Klarheit Deines Wortes

Matthäus 22,14

und um die Eindeutigkeit Deiner hilfreichen Tat:
für alle, die zu Deiner Gemeinde gehören,
daß Deine Wahrheit uneingeschränkt verkündigt wird,
daß die Macht des Bösen gebrochen wird,
daß Menschenfurcht aufhört und Gottesfurcht einzieht,
daß Glaube wächst, Liebe gedeiht
und Hoffnung neue Lebensmöglichkeiten entdeckt.
Segne alles,
was in Deinem Namen geschieht.

Herr, zwiespältig, unheimlich bist auch Du,
der Du uns von allen Seiten umgibst.
Heilig sind Deine Werke,
rätselhaft Deine Wege,
verborgen und unverständlich ist vieles,
was Du uns schickst.
Du hast uns gewollt,
Du hast uns ins Leben gerufen.
Du hast uns zum ewigen Leben erwählt.
So loben wir Deinen herrlichen Namen.
Mit allen Deinen Geschöpfen,
mit der ganzen irdischen und himmlischen Welt
danken wir Dir,
ewiger und allmächtiger Gott,
im Geheimnis Deines dreieinigen Seins,
dem Vater und dem Sohn und dem Heiligen Geist,
jetzt und immerdar und
von Ewigkeit zu Ewigkeit.

Amen.

Der Allmächtige

Du bist unser aller Vater, wie geschrieben steht (1. Mose 17, 5): »Ich habe dich zum Vater vieler Völker gesetzt«, unser Vater nämlich vor Gott, dem er geglaubt hat, der die Toten lebendig macht und, was nicht ist, ins Dasein ruft.
Römer 4,17

I.

Jesus Christus ist auferstanden.
Das ist, wenn es denn wahr ist, der wichtigste, aber auch der schwierigste Satz der Weltgeschichte. Das ist eine Botschaft, die bei den ersten Hörerinnen Angst und Schrecken ausgelöst hat. Das ist eine Information, deren Wirklichkeitswert und Wahrheitsgehalt man sofort in Zweifel gezogen hat. Seine Anhänger haben seinen Leichnam gestohlen! Das ist aber auch ein Gerücht, das kein Dementi, keine Widerlegung mehr aus der Welt zu schaffen vermochte.
Jesus Christus lebt. Der Tod ist besiegt. Gottes Allmacht ist offenbar.
Für einen Augenblick ohne Ende, drei Tage, drei Nächte lang war die Macht Gottes wirklich bedroht. Er, der Sohn, war auf grausame Weise ums Leben gebracht. Drei Tage, drei Nächte lang hat die Weltgeschichte gezittert. Würde dem Tod und seiner Unersättlichkeit nun alles Leben zum Opfer fallen? Drei lange Tage, drei lange Nächte hindurch war es wirklich dunkel. Die Erde hatte gebebt. Der Tempel war zerbrochen. Gott selbst war der Ohnmacht verfallen.
Dann endlich und endgültig dieser Satz: Jesus Christus ist von den Toten erstanden. Er herrscht über Himmel und Erde. Mit seinem Geist ist er bei seinem Wort. In unserer Mitte. In diesem Augenblick. Der Tote, der Auferstandene läßt sich hören. Das Leben geht weiter.
Deshalb singen die Menschen zu Ostern. Deshalb jubelt die Schöpfung. Deshalb ist das Leben unglaublich schön.

II.

Ostern ist das Fest der Allmacht Gottes. »Abraham glaubte an den Gott, der die Toten lebendig macht und das, was nicht ist, ins Dasein ruft«. In der Auferstehung Jesu Christi wiederholt sich, was mit der Schöpfung begonnen hat. Gott handelt auf seine ihm eigentümliche Weise. Wer Gott ist und was Gott tut, das ist in den allgemeinen Naturabläufen und Geschichtsprozessen in der Regel verborgen. Gott wirkt dort im Rahmen von biologischen und physikalischen Gesetzen, Strukturen und Konflikten, die viele verschiedene Ursachen haben. Gott, wie ihn das Glaubensbekenntnis definiert, Gott, der Vater, der Allmächtige, der Schöpfer des Himmels und der Erde, Gott ist überall am Werk und doch nirgends eindeutig faßbar.

Wer Gott ist und was ihn als Gottheit auszeichnet, das zeigt sich für Paulus an den äußersten Grenzen des Lebens. Gott ist die Macht, »die die Toten lebendig macht und das, was nicht ist, ins Dasein ruft«. Menschliche Macht in Wirtschaft und Politik, in Wissenschaft und Kunst hat es immer mit schon Vorhandenem zu tun, das erforscht und geregelt und neu gestaltet wird. Die Allmacht Gottes dagegen arbeitet gegenüber dem Nichts. Gott ruft aus dem Nichts ins Leben. Gott rettet das Leben aus der Ver-Nichtung. Alles, was zwischen diesen beiden Grenzpunkten liegt, ist dem Verstehen zugänglich und der Gestaltung offen. Wer Gott ist und was Gott kann, was ihn, den Schöpfer, von allen Geschöpfen unterscheidet, das wird offenbar an den unvorstellbaren Grenzen zum Nichts. Die Allmacht Gottes ist der unergründliche Urgrund des Lebens.

III.

Ostern ist das Fest der Allmacht. Gott ist die Macht, »die die Toten lebendig macht und das, was nicht ist, ins Dasein ruft«. In beiden Grenzereignissen der Lebensgeschichte zeigt die Allmacht Gottes nicht nur die ihr eigentümliche Potenz. Sie handelt dabei auch immer in eine bestimmte Richtung. Gottes Allmacht ist tendenziös.

Macht in der Natur, Macht in der Geschichte – das sind meistens Phänomene von höchst ambivalenter Art. Zur Entwicklungsgeschichte des Lebens gehört auch der Lebenskampf. Evolution erfolgt auch durch Selektion. Lebenserhaltung gibt es nicht ohne Lebenszerstörung. Macht in Wirtschaft und Politik dient selbstverständlich eigenen Interessen und ist gegen fremde Interessen gerichtet. Macht in Natur und Geschichte will Leben um jeden Preis bewahren und wird deshalb immer wieder auch Leben beschränken, gefährden, zerstören. Als die Mächtigen vor einem Jahr im Golfkrieg meinten, ihre Lebensinteressen nur durch den Einsatz militärischer Mittel sichern zu können, da blieb den Ohnmächtigen nichts anderes übrig, als an die Allmacht Gottes zu appellieren.

In der Tat. Die Macht Gottes, wie sie sich an den Grenzereignissen der Geschichte zeigt, ruft aus dem Tod, aus dem Nichts ins Leben. In der Schöpfung gibt es rätselhafterweise auch die andere Richtung, daß nämlich Leben zum Tod verdammt ist. Ja, es charakterisiert geradezu die heilsgeschichtliche Qualität unserer Gegenwart, daß heute nicht, wie vor 2.000 Jahren, der Sohn Gottes getötet, daß aber die Schöpfung Gottes bedroht wird. Es gibt diese schreckliche, bedrohliche, todbringende Macht unter Menschen. Die Allmacht jedoch, wie sie zu Ostern offenbar geworden ist, ist nicht die Potenzierung aller Vernichtungstendenzen, sondern deren machtvolle, heilvolle Überwindung. Allmacht Gottes ist Übermacht gegen alles, was Tod bringt. Eindeutig. Unumstößlich. Durch keinen Katastrophenfall aus der Welt zu schaffen.

IV.

Ostern ist das Fest der Allmacht. Der lebendige Gott, der barmherzige Vater, der wortgewaltige Schöpfer von Himmel und Erde sichert durch Evolution und Selektion, durch Zufall und Notwendigkeit, durch Katastrophen und Kriege hindurch das Leben.
Er, der alles von allen Seiten umgibt und alles in allen Teilen durchdringt, er bricht auch in die Lebensgeschichte einzelner Menschen ein und erweckt sie zum Glauben. Daß Jesus Christus von den Toten auferstanden ist, das bekommen viele in unserem Kulturkreis zu hören. Begreifen werden es die meisten erst dann, wenn sie selber aus dem Tod ins Leben gerufen und vom Licht der Ewigkeit Gottes umgeben sein werden. Aber manchem, wie dem Apostel Paulus, widerfährt es schon hier, daß sie von der Auferstehungsmacht unwiderstehlich ergriffen werden. Diese erschreckende Grenzerfahrung hat dem Paulus zunächst die Sinne geraubt, sie hat ihn für Tage blind und stumm gemacht. Aber sie hat ihn dann auch mit einer Kraft erfüllt, die durch kein Leiden, durch keine Todesbedrohung mehr zu erschüttern war. Von der Allmacht Gottes ergriffen, hat er Krankheit und Konflikte, Angriffe aus der Gemeinde, Verfolgung und Folter durch staatliche Instanzen durchstanden. Die Allmacht Gottes macht Ohnmächtige stark.
Die Toten stehen auf. Die Bösen kehren um. Die Gottlosen preisen den ewigen Namen.
Ostern verändert die Welt. Das Auferstehungsgerücht ist nicht aufzuhalten. Der Auferstehungsglaube ist auch nicht auf den kirchlichen Raum zu beschränken. Schon Abraham hat geglaubt, behauptet Paulus. Und die Ahnung von diesem Gott, der die Toten lebendig macht und das, was nicht ist, ins Dasein ruft, läuft quer durch die Weltgeschichte. Schamanen bei den Indianern, Gurus in Asien, Philosophen in Athen, Naturwissenschaftler in der Moderne sind auf seine Spuren gestoßen. Und in den großen Augenblicken des Lebens werden auch wir von dem Wunder ergriffen, daß nicht nichts ist und daß unsere Hoffnung bis in die Ewigkeit reicht.

V.

Ich glaube an Gott, den Allmächtigen. Er hat alles, was ist, aus dem Nichts in Dasein gerufen. Er hat Jesus Christus aus dem Tod zum ewigen Leben erweckt. Er hat auch unser Leben bis hierher durch alle Höhen und Tiefen gnädig bewahrt. Wie reden wir, wenn der Osterjubel verklingt, angemessen von dieser Macht?

Wenn wir die Allmacht Gottes wirklich respektieren, dann können wir sie gewiß nicht in theologische Lehrgebäude einsperren. In seiner Allmacht übersteigt Gott alles, was wir in seinem Namen zu tun und zu denken vermögen. Die Allmacht Gottes ist dann aber auch nicht an männliche Vorstellungen und patriarchale Modelle gebunden. Allmacht Gottes, das ist beides zugleich und immer auch mehr: ein hoher Geist und ein tiefer Abgrund, eine herrscherliche Gestalt und eine unendliche Fülle, ein eindeutiges Wort und ein undurchdringlicher Äther, eine klare Begegnung und auflösendes Versinken. Gott ist allmächtig. Die Allmacht, die Urmacht, die Zielmacht ist Gott.

Jesus Christus, der Auferstandene, ist weiter als wir. An der Seite der Allmacht regiert er die Welt und bewahrt er das Leben.

Herr, ewiger und allmächtiger Gott.
Wir danken Dir, daß Du lebst,
in Deinem Geheimnis, in Deiner Macht,
in Deiner Ewigkeit.
Wir danken Dir,
daß wir durch Deine Gnade leben dürfen.
Alles hast Du geschaffen, aus dem Nichts.
Alles willst Du erretten, aus dem Tod.
Alles, was Dir gehört,
wirst Du heimführen in Dein Reich.
Alles, was lebt,
lobt Deinen ewigen Namen.

Weil Du ein lebendiger und ein mächtiger Gott bist,
rufen wir Dich an für alle Geschöpfe,
deren Leben bedroht ist:
für Kranke und Sterbende,
für Alte, Einsame und Verzweifelte,
für Arbeitslose und Arme,
für Hungernde und Verfolgte,
für alle, die unter Kriegen und Katastrophen leiden,
für bedrohte Völker, für aussterbende Arten,

*für die ganze Erde,
die zerstört und vergiftet wird:
bewahre Deine Schöpfung,
rette Deine Geschöpfe,
beweise Deine Allmacht
gegen die Mächte des Todes.*

*Weil Du ein lebendiger und ein mächtiger Gott bist,
rufen wir Dich an für alle,
die Leben schützen und retten sollen:
für die Verantwortlichen
in Wirtschaft und Politik,
in Wissenschaft und Verwaltung,
für Ärzte und Schwestern,
für Richter und Anwälte
für Polizisten und Soldaten,
für alle Frauen und Männer
bei ihrer Arbeit in Beruf und Familie:
laß sie dem Leben dienen,
hilf das Gemeinwohl fördern,
sorge für Frieden und Recht,
beweise Deine Allmacht
gegen die Mächte des Bösen.*

*Weil Du ein lebendiger und ein mächtiger Gott bist,
rufen wir Dich an für alle,
die die Botschaft des Lebens weiterzusagen haben:
für Deine Kirche in aller Welt,
für alle, die nach Dir suchen und Deine Spuren entdecken,
für verfolgte Gemeinden, für irrende Gewissen,
für angefochtene Herzen:
gib Mut zum Bekenntnis des Glaubens,
gib Kraft für die Worte der Liebe,
gib Geduld und Festigkeit in der Hoffnung.*

*Deine Allmacht, Herr,
ist der Grund unseres Lebens.
Deine Allmacht, Herr,
ist der Trost unseres Leidens.
Deine Allmacht, Herr,
ist das Ziel unserer Wege.
Nimm Dich unser gnädig an.
Rette und erhalte uns.*

Römer 4,17

*Denn Dir allein gebührt
der Ruhm und die Ehre und die Anbetung,
dem Vater und dem Sohn und dem Heiligen Geist,
jetzt und immerdar
und von Ewigkeit zu Ewigkeit.*

Amen.

Die Gemeinschaft der Heiligen

Seht doch, liebe Brüder, auf eure Berufung: Nicht viele Weise nach dem Urteil der Menschen, nicht viele Vornehme sind berufen. Sondern was töricht ist vor der Welt, das hat Gott erwählt, um die Weisen zuschanden zu machen; und was schwach ist vor der Welt, das hat Gott erwählt, um zuschanden zu machen, was stark ist; und das Geringe vor der Welt und das Verachtete hat Gott erwählt, das, was nichts ist, um zunichte zu machen, was etwas ist, damit sich kein Mensch vor Gott rühmen kann. Durch ihn aber seid ihr in Christus Jesus, der uns von Gott her zur Weisheit und zur Gerechtigkeit und zur Heiligung und zur Erlösung geworden ist, damit gilt, wie geschrieben steht (Jeremia 9,22.23); »Wer sich rühmt, der rühme sich des Herrn!«

1. Korinther 1,26-31

»Ich glaube die Gemeinschaft der Heiligen«, haben wir eben gemeinsam im Glaubensbekenntnis gesprochen. »Seht doch, liebe Brüder (und Schwestern), auf eure Berufung«, empfiehlt der Apostel seiner Gemeinde im fernen Korinth. Die Spannung zwischen dem Glauben und dem Sehen ist für alle Artikel des Glaubensbekenntnisses wesentlich. An Gott glauben Menschen, obwohl er direkt gar nicht zu sehen ist. An Jesus, den Messias der Juden, glauben Menschen, obwohl damals in Palästina nur ein junger Handwerker mit seinen Worten und Taten zu beobachten war. Von Gott, von Jesus Christus ist heute auf den ersten und auch auf den zweiten Blick gar nichts zu sehen – wir glauben daran. Die Kirche, die Gemeinde, das Christentum begegnet uns hier in Mitteleuropa dagegen noch immer fast jeden Tag. Wir kennen ihr Versagen in der Geschichte. Wir erleben die Durchschnittlichkeit ihrer Repräsentanten. Wir wissen auch nur zu gut um unser eigenes Christsein mit seiner Unentschiedenheit, seinem Unernst.
»Die Gemeinschaft der Heiligen« zu glauben, fällt deshalb so schwer, weil wir in diesem Fall nicht zu wenig, sondern viel zu viel sehen.

I.

Was war denn damals zu sehen? »Nicht viele Weise nach dem Urteil der Menschen, nicht viele Mächtige, nicht viele Vornehme«. Die Christengemeinde in Korinth versammelte sicher nicht die gesellschaftliche Elite. Heute sieht das in mancher Hinsicht anders aus. Die Volkskirche bietet ein buntes Gemisch aller sozialen Schichten. Große und kleine Leute,

Sozialhilfeempfänger, Unternehmer, Beamte, sie alle, bis hin zu den Spitzen des Staates, gehören noch immer dazu. Die Universität, nach dem Urteil vieler Zeitgenossen immer noch ein Hort der Weisen, veranstaltet in Göttingen regelmäßig ihren eigenen Gottesdienst. Ist das, was in den Dateien der Landeskirche gespeichert ist, die Gemeinde der Heiligen? Wird das Volk Gottes durch den Umlauf von Kirchensteuern konstituiert? Zu sehen ist ein großer Betrieb, der die ganze Gesellschaft durchzieht, eine bürokratische Organisation, eine hochkomplex strukturierte Institution – die Kirche Jesu Christi ist das alles noch nicht.

Was war damals zu sehen? »Was töricht ist vor der Welt, das hat Gott erwählt; und was schwach ist vor der Welt, das hat Gott erwählt; und das Geringe vor der Welt und das Verachtete hat Gott erwählt«. Das ist in mancher Hinsicht das Bild einer durchschnittlichen Christengemeinde von heute. Die Lebenswelt der Zukurzgekommenen, der Alten, der Einsamen. Nicht für Aufsteiger oder Arbeiter oder Intellektuelle. Wer in den Prozessen gesellschaftlicher Produktion und Konsumtion keine Chance mehr hat, der findet hier eine Zuflucht. Die Sozialstation der Gesellschaft. Die Müllhalde für das, was nicht mehr gebraucht wird. Deswegen auch schon »die Gemeinschaft der Heiligen«? Sicher zunächst einmal ein Milieu des Kleinbürgertums, nett, aber auch miefig, betriebsam, aber in der Regel auch bedeutungslos.

Was war damals zu sehen? Gott hat erwählt, »um die Weisen zuschanden zu machen«, er hat erwählt, »um zuschanden zu machen, was stark ist«; er hat erwählt, »das, was nichts ist, um zunichte zu machen, was etwas ist«. Müssen wir nicht die Gemeinde der Heiligen an ganz anderen Stellen suchen? Nicht in der reichen Volkskirche. Nicht im betulichen Milieu der lieben Betreuer und der netten Betreuten. Ist Gott nicht dort, wo Menschen unter den gesellschaftlichen Verhältnissen leiden? Also bei den Armen überall in der Welt, die von uns Reichen ausgebeutet werden? Bei den Opfern von Rassenwahn und Völkerhaß? Ist er nicht auf der Seite derer, die für Befreiung kämpfen, auf der Seite der Engagierten, die sich für Frieden, Gerechtigkeit und Bewahrung der Schöpfung einsetzen? Wird dort nicht etwas sichtbar von jenem heiligen Volk, das von der Lebenskraft Gottes erfüllt ist und für den Lebenskampf deshalb gestärkt?

II.

»Seht an eure Berufung« – Paulus formuliert eine Empfehlung, die paradox gemeint ist. Was die Korinther in ihrer Gemeinde zu sehen bekommen, ist auf keinen Fall das, was sie zur Gemeinde macht. Der Glaube läßt sich auch in diesem Bereich nicht durch das Sehen begründen.

Man kann die Kirche mit allen Methoden der empirischen Sozialforschung untersuchen und wird dort feststellen, was man überall antreffen kann:

eine bürokratisch organisierte Institution, psychische Bedürfnisse und soziale Konflikte, sozialpsychologische Prozesse der verschiedensten Art, Anpassungsleistungen an die Gesellschaft, Oppositionsbewegungen, andauernde Versuche, den drohenden Mitgliederschwund durch Reform- und Restaurationsmaßnahmen abzufangen.

Zu sehen ist da sehr viel. Aber was ist zu glauben? »Seht doch, liebe Brüder (und Schwestern), auf eure *Berufung*«. In dieser Institution, in diesem Betrieb, in dieser Sozialagentur, in diesem Freizeitverein ist etwas am Werk, was Paulus mit diesen merkwürdigen Sätzen beschreibt: ›Gott hat berufen, Gott hat erwählt‹. Die Gemeinde der Heiligen lebt aus der Kraft und dem Wort und dem Willen des heiligen Gottes.

Das kann, von außen betrachtet, nur größenwahnsinnig wirken. In dieser vom Tod, von der Zerstörungswut, vom Geld beherrschten Welt gibt es einen Raum, in dem Gott, der lebendige Grund allen Lebens, gegenwärtig sein will. Unter den verfeindeten Völkern, Geschlechtern und Klassen gibt es eine Gruppe, in der der Friede der Urzeit, der Endzeit Gestalt werden will. Gegen alle destruktiven Tendenzen, die in den Menschen und zwischen den Menschen toben, soll hier Heil und Heilung geschehen.

Die Gemeinschaft der Heiligen – ein unheimlicher Raum in einer heillosen Welt. Wie kommt diese Gemeinde zustande? Nicht durch die Moral der Christen. Nicht durch ihre Frömmigkeit oder Friedensliebe, nicht durch Bekehrung oder Engagement. Das alles sind höchst wünschenswerte Haltungen, die in der Kirche der Gegenwart viel zu wenig begegnen. Aber die Gemeinde der Heiligen wird nicht durch die Aktivitäten der Menschen erbaut. Keiner kann sich hier rühmen vor Gott.

Gottes Berufung, Gottes Erwählung wirkt wirksam im Machtbereich Jesu Christi. »Durch Gott seid ihr in Christus Jesus, der uns von Gott her zur Weisheit und zur Gerechtigkeit und zur Heiligung und zur Erlösung geworden ist«. Wo die Kraft Gottes am Werk ist, dort wächst ein Leben, wie es sonst nirgends zu finden ist. Eine Weisheit leuchtet auf, die man an keiner Hochschule studieren kann. Eine Gerechtigkeit breitet sich aus, die den Schwachen gilt und alles Bedrohte beschützt. Eine Heiligung blüht auf, die voller Moral ist, aber auch mehr als Moral. Dort wird eine Erlösung geschenkt, wie sie keine politische oder therapeutische Konzeption anzubieten vermag. Im Machtbereich Jesu Christi können Menschen das wissen, das haben, das sein, was zum wahren Leben gehört.

III.

Ich glaube »die Gemeinschaft der Heiligen«.
Was ist zu sehen? Eine Institution. Menschen mit ihren Wünschen und Ängsten. Ein Verein, der manchmal zum Größenwahn neigt, der aber

heute immer wieder an Minderwertigkeitsgefühlen leidet. Was ist zu glauben? Die Erwählung durch einen Gott, das Leben im Machtbereich eines Erlösers. Wie kommt beides zusammen, das Sehen und das Glauben? Was zu glauben ist, bleibt nicht unsichtbar. Man kann es erfahren. Menschen werden aus ihrer Verblendung herausgerissen. Menschen lassen kraft der Gerechtigkeit Gottes alles Verdammenswerte hinter sich. Menschen steigen aus zerstörerischen Entwicklungen aus und leben die Heiligung Gottes. Menschen, die ohne Hoffnung der Sucht und dem Wahn verfallen, finden ihren Weg zur Erlösung.
»Ist jemand in Christus, so ist er eine neue Kreatur; das Alte ist vergangen; siehe, es ist alles neu geworden«.

Herr, ewiger und allmächtiger Gott.
Dein Wort schenkt uns Weisheit.
Dein Sohn ist unsere Gerechtigkeit.
Dein Geist führt uns zur Heiligung.
Dein Reich bringt unsere Erlösung.
Wir danken Dir,
daß wir zu Dir gehören,
vor aller Zeit erwählt,
in Deine Gemeinde berufen,
zum ewigen Leben bestimmt.

Weil Du unsere Weisheit bist,
bitten wir Dich für uns und alle
um Deine Erleuchtung:
laß alle Arbeit
in Forschung, Lehre und Studium
dem Leben dienen;
gib Respekt, um Überliefertes zu bewahren,
Entschlossenheit, neue Wege zu gehen,
Gedankenreichtum und Phantasie,
um Deine Schöpfung zu schonen.

Weil Du allein unsere Gerechtigkeit bist,
bitten wir Dich für uns und alle
um Deinen Beistand:
sorge für Frieden überall in der Welt,
gib allen Arbeit und Nahrung,
Wohnung, Kleidung und Würde;
steh allen bei,
die Macht und Verantwortung tragen

*in Wirtschaft und Politik,
in der Justiz, in der Verwaltung, in den Medien;
unterstütze das Werk derer,
die den Frieden fördern,
die Freiheit erreichen,
die Schöpfung bewahren wollen.*

*Weil Du allein unsere Heiligung bist,
bitten wir Dich für uns und alle
um Deine Weisung:
schaffe Solidarität mit den Armen,
Fürsorge für Kinder und Alte,
Zuwendung für Einsame und Verzweifelte;
sorge für Anstand und Redlichkeit,
wehre allem Mißbrauch von Macht,
vertreibe Geldgier und Habsucht
aus den Herzen der Menschen.*

*Weil Du allein unsere Erlösung bist,
bitten wir Dich für uns und alle
um Deine Rettung:
vergib uns Schuld,
bewahre uns in der Versuchung,
befreie uns aus Ängstlichkeit und Selbstmitleid,
führe uns durch unser Leben und unser Sterben
zu Dir.*

*Heilig, heilig, heilig
bist Du allein, ewiger, allmächtiger Gott,
im Geheimnis Deines dreieinigen Seins.
Geheiligt ist das Leben,
das Du geschaffen hast.
Geheiligt ist die Gemeinde,
die Du berufen hast.
Mit allem,
was von Dir kommt und zu Dir geht,
loben wir Deinen ewigen Namen,
den Vater, den Sohn und den Heiligen Geist,
jetzt und immerdar
und von Ewigkeit zu Ewigkeit.*

Amen.

Das Ende des Verräters

Als Judas, der ihn verraten hatte, sah, daß er zum Tode verurteilt worden war, reute es ihn, und er brachte die dreißig Silberstücke den Hohenpriestern und Ältesten zurück und sagte: Ich habe Unrecht getan, daß ich unschuldiges Blut verraten habe. Sie aber sagten: Was geht uns das an? Das ist deine Sache. Und er warf die Silberstücke in den Tempel, lief fort und erhängte sich. Aber die Hohenpriester nahmen die Silberstücke und sagten: Es ist nicht recht, daß wir sie in den Tempelschatz tun; denn es ist Blutgeld. Sie beschlossen aber, den Töpferacker davon zu kaufen als Begräbnisplatz für Fremde. Daher heißt dieser Acker Blutacker bis zum heutigen Tag. Da wurde erfüllt, was durch den Propheten Jeremia gesagt worden ist: »sie haben die dreißig Silberstücke genommen, den Preis für den, den sie unter den Israeliten so abgeschätzt hatten, und sie haben das Geld für den Töpferacker gegeben, wie mir der Herr befohlen hat«.

Matthäus 27,3-10

Jesus Christus ist auferstanden. Schuld kann vergeben werden, Trauer wird im Jubel der Erlösten verschwinden. Der gefährlichen Macht von unerträglicher Sünde und abgrundtiefer Verzweiflung brauchen wir nicht zu verfallen.

I.

Volkstrauertag. Ein Volk trauert. Um wen?
»Den Deserteuren, die sich aus Gewissensgründen dem Kriegsdienst für die nationalsozialistische Gewaltherrschaft verweigert haben und dafür verfolgt, getötet und verleumdet wurden«. Als diese Gedenktafel vor einigen Jahren in Göttingen enthüllt wurde, hat es in der Öffentlichkeit laute Proteste gegeben. Um wen trauern wir? Um die Gefallenen natürlich, um die Opfer von Krieg und Gewalt, damals und heute. Eventuell sogar um Deserteure aus Gewissensgründen. Aber die anderen? Die Feiglinge, die Landesverräter? Was ist mit denen?
Am Totensonntag vor 50 Jahren, am 21. November 1943, wurden in Limmari, einem Dorf in Mittelitalien, Männer, Frauen und Kinder von einer Truppe deutscher Fallschirmjäger zur Vergeltung und Abschreckung niedergemacht. Sie wurden unter einer alten Eiche zusammengetrieben; um sie herum wurde Munition aufgehäuft und dann angezündet. Wer die Explosion überlebte, wurde erschossen – 112 Tote an diesem Tag, darunter 50

Frauen, 31 Kinder und Säuglinge. Einzige Überlebende war ein siebenjähriges Mädchen (DIE ZEIT Nr. 41 vom 2.10.1992, 90). Um wen trauern wir? Gibt es Trauer ohne Reue und Umkehr?
Den Stasi-Akten kann man entnehmen: Menschen sind bereit, auf Befehl, aus Ehrgeiz, unter hartem Druck fast alles zu tun. Der Lehrer verrät den Schüler, der Schüler den Lehrer. Der Mann verrät die Frau, die Frau den Mann. Der Pfarrer verrät Menschen aus der Gemeinde, Gemeindemitglieder verraten den Pfarrer. Um wen trauert unser Volk? Nur um die Toten? Nur um die Guten? Nur um die Opfer? Nur um die im Osten?
Was heißt Trauer, wenn das tödliche Spiel von neuem beginnt? Wenn Jugendliche in einer Mischung aus Dummheit und Brutalität Straßen unsicher machen, Menschen jagen, jüdische Gräber schänden? Wenn Politiker angesichts unendlichen Elends nur daran denken, mit taktischen Winkelzügen den Gegner vorzuführen, um ihre eigene Macht zu erhalten?
Mit 30 Silberstücken hat die Verratsgeschichte der Anhänger Jesu begonnen. Was ist der Preis für das viele Geld, das die Kirchen heute besitzen? Und wen verraten wir reichen Christinnen und Christen, die wir beides vereinbaren wollen, das Geld und den Glauben?

II.

Unser Text beginnt mit einem Lichtblick. Judas bereut seine Tat. Judas kehrt um. Als er entdeckt, was mit Jesus geschehen soll, bringt er das Geld zurück und gesteht seine Schuld: Jesus ist unschuldig, ich selbst habe unrecht. Den Tod seines Meisters hat er nun doch nicht gewollt. Da ist einer zutiefst entsetzt über das, was er angestellt hat, und er tut alles, was er tun kann, um seinen Verrat wieder gutzumachen.
Das Unheimliche ist nur: Seine Reue kommt zu spät. Die Erleuchtung, die ihn erfaßt hat, scheint in eine Szene voller Härte und Unerbittlichkeit. Es ist ein Wahn zu meinen, daß man alles ungeschehen machen kann. Worte, die ausgesprochen sind, kann man nicht mehr zurückholen. Handlungen, die in Gang gesetzt sind, kann man nicht stoppen. Prozesse der Zerstörung nehmen ihren Lauf. Die unerträgliche Unaufhaltsamkeit des Lebens.
Die Machthaber reagieren eiskalt: »Das ist deine Sache«, »das ist dein Problem«. Sie haben bekommen, was sie wollten. Die wichtige Information. Die Bestätigung ihrer Macht. Die Zustimmung zu ihren Plänen. Alles andere interessiert sie dann nicht. Wer so große Verantwortung trägt, kann auf die Gewissensbisse des kleinen Mannes keine Rücksicht mehr nehmen.
»Judas warf die Silberstücke in den Tempel, lief fort und erhängte sich«. Das Ende des Verräters ist konsequent. Unschuldiges Blut wird durch seine Schuld vergossen werden. Damit hat er sein Lebensrecht auf dieser Erde verwirkt. Keine Therapie, keine Sozialarbeit kann ihn retten. So sachgemäß wie seine

Reue, so gesetzesgemäß ist sein Selbstmord. Alles, was er hat, gibt er hin: das Geld in den Tempel, das Leben in den Tod. Aus der Fluchwelt des Verrats gibt es nur diesen Ausweg, den verfluchten Tod.
Die Gottesdiener haben dafür zu sorgen, daß dieses entsetzliche Ereignis keinen weiteren Schaden stiftet. Deshalb müssen sie den Tempelschatz vom Judaslohn reinigen. So beschließen sie, »den Töpferacker davon zu kaufen als Begräbnisplatz für Fremde«. Ein Ausleger hat die innere Logik dieser Aktion drastisch so formuliert: »Das unreine Geld wird zum Erwerb einer unreinen Stätte für unreine Menschen verwendet« (W. Grundmann).
Das Geld, der Friedhof, die Fremden – das ist die Konsequenz des Verrats. Auch Judas ist auf seine gottlose Art für andere gestorben. Die Ungläubigen haben nun in Jerusalem ihren letzten Ruheplatz. Und wenn die geldgierigen Verräter nicht sterben, dann müssen die Fremden dran glauben.
Mit einem Lichtblick hat diese schauerliche Geschichte begonnen. Mit einem Lichtstrahl endet sie auch. Seine tätige Reue hat den Judas nicht retten können. Der Verräter hat selbst sein Todesurteil vollstreckt. Für den Evangelisten Matthäus ist wichtig, daß auch diese schreckliche Episode in die Ordnung der Heilsgeschichte gehört. »Da wurde erfüllt, was durch den Propheten Jeremia gesagt worden ist«. Geldgier, Selbstmord, Verrat, die Strenge des Gesetzes, die Verzweiflung des Gewissens – nichts fällt aus dem Heilsplan Gottes heraus.

III.

Judas hatte am Abendmahl Jesu teilgenommen. Vielleicht konnte er auch deswegen seinen Verrat nicht überleben. Wer unschuldiges Blut vergießt, der verwirkt sein Recht auf das Leben. Wer unwürdig ißt und trinkt, der verfällt dem Gericht.
Unser Volk trauert. Wir trauern mit unserem Volk, um unser Volk. Um die Gefallenen und um die Vergasten. Um die Toten und um die Lebenden. Um die Anständigen und um die Gemeinen. Wir trauern um die Verräter gegenüber der Staatsmacht. Wir trauern um die Verräter aus Geldgier und Habsucht. Wir trauern um Unbelehrbare und um Feige. Wir trauern um ermordete Fremde.
Kann man Geschichte neu schreiben? Können wir am Volkstrauertag zum Abendmahl gehen?
»Als Judas, der ihn verraten hatte, sah, daß er zum Tode verurteilt worden war, reute es ihn, und er brachte die 30 Silberstücke den Hohenpriestern und Ältesten zurück und sagte«: »Allmächtiger Gott, barmherziger Vater, ich armer, elender, sündiger Mensch bekenne DIR alle meine Sünde und Missetat, die ich begangen mit Gedanken, Worten und Werk, womit ich DICH jemals erzürnt und DEINE Strafe zeitlich und ewiglich verdient

habe. Sie sind mir aber alle herzlich leid und reuen mich sehr, und ich bitte DICH um DEINER grundlosen Barmherzigkeit und um des unschuldigen bitteren Leidens und Sterbens DEINES lieben Sohnes Jesus Christi willen, DU wolltest mir armen sündhaften Menschen gnädig und barmherzig sein, mir alle meine Sünden vergeben und zu meiner Besserung DEINES Geistes Kraft verleihen«.
Dann nahm einer der Hohenpriester die Silberstücke und sprach: »Auf solches DEIN Bekenntnis verkündige ich DIR die Gnade Gottes und spreche DIR anstatt und auf Befehl meines Herrn Jesus Christus die Vergebung aller DEINER Sünden zu, im Namen des Vaters und des Sohnes und des Heiligen Geistes. Amen.«

Ent-Bindungen

Das sage ich aber, liebe Brüder: Die Zeit ist kurz. Darum sollen auch die, die Frauen haben, sein, als hätten sie keine, und die, die weinen, als weinten sie nicht; und die sich freuen, als freuten sie sich nicht; und die kaufen, als könnten sie es nicht behalten; und die die Güter dieser Welt gebrauchten, als brauchten sie sie nicht. Denn die Gestalt dieser Welt vergeht.
1. Korinther 7,29-31

I.

Geheimnis des Lebens.
Wir werden geboren. Wir werden entbunden. Wir geraten in Abhängigkeiten. Vertreibung aus einer Welt der Geborgenheit. Schmerzhafter Weg durch einen dunklen Kanal. Abnabelung. Ein erster Schrei. Ins Dasein geworfen. Befreit für den Lebenslauf.
Befreit? Die Gebundenheit bleibt. Angewiesen auf jene Frau, die uns reinigt und füttert und pflegt. Verstrickt in Empfindungen von Lust und Unlust, von Freude und Schmerz, von Liebe und Haß. Bestrebt, uns eine Welt zu erobern, die uns gehört, in der wir wieder zu Hause sind, die uns Sicherheit bietet. Erfüllt von der Hoffnung, ja von dem Wahn, daß unser Dasein niemals zu Ende geht.
Geheimnis des Lebens. Das Versprechen der Freiheit. Und das Erleiden von Abhängigkeiten. Der unstillbare Hunger nach Liebe. Die Sehnsucht nach ewigem Glück.
»Die Zeit ist kurz! – Die Gestalt dieser Welt vergeht!«

II.

Geheimnis des Glaubens.
Wir werden wiedergeboren. Wir geraten in Abhängigkeit. Wir werden entbunden.
Rätselhafterweise rechnet Paulus damit, daß Menschen durch Taufe und Glaube in einen neuen Leib geraten, in den riesigen Leib Jesu Christi. Das ist nicht einfach eine große Institution oder eine kleine Ansammlung von freundlichen Menschen. Der Leib Jesu Christi, die Kirche des Glaubens – das ist eine Machtsphäre, die sich über die ganze Erde erstreckt, ein Energiefeld, das auch hier Menschen erfaßt. Sie sind dann wieder verknüpft mit

dem Urgrund des Lebens. Sie sind umfangen von einem Frieden, der höher ist als alle empirisch orientierte Vernunft. Sie sind erfüllt von dem Geist, der auch in Elend und Leid Freude schafft.

Wer vom Geheimnis des Glaubens ergriffen wird, wer Glied am Leibe Christi geworden ist, der versteht sich auf die Kunst des Lebens. Durch die Rückkehr in diese umfassende Abhängigkeit geschieht eine zweite Ent-Bindung. Was Paulus den Christen als Lebenshaltung empfiehlt, mag auf den ersten Blick unmöglich oder unzumutbar erscheinen. Haben – als hätte man nicht! Das kann doch eigentlich nur bedeuten: Leben – als lebte man nicht! Also: Askese! Angst vor Intimität und Engagement! Verachtung von Leiblichkeit und Lebensgenuß! Das alles scheint Paulus an dieser Stelle zu propagieren. Und für uns, die wir den Konsumgesetzen unserer Gesellschaft gehorchen, sind seine Aussagen in der Tat schwer zu verstehen.

Wer zum Leib Christi gehört, der ist von den Abhängigkeiten entbunden. »Die Zeit ist kurz! – Die Gestalt dieser Welt vergeht!«

III.

Kunst des Lebens.

»Darum sollen die, die Frauen haben, sein, als hätten sie keine«. Im Leib Jesu Christi gibt es keine Nähe ohne Distanz. Ich bin ich, und du bist du. Wer nicht mehr sich selber gehört, der kann anderen Menschen nicht hörig werden, der kann auch andere nicht hörig machen. Leibliche Vereinigung bis in die höchste Ekstase, aber kein Traum von der ewigen Einheit. Treue, aber keine Gefangenschaft, keine Fesseln. Keine Streitrituale. Keine permanenten Beziehungskisten. »Ich kann nicht leben ohne dich«, flüstert die Leidenschaft. Aber die Liebe fügt nüchtern hinzu: »Natürlich werde ich leben, auch wenn du nicht mehr da bist«.

Wir lieben uns. Aber wir gehören uns nicht. Wir leben, und wir werden vergehen.

Kunst des Lebens.

»Die weinen (sollen sein), als weinten sie nicht, und die sich freuen, als freuten sie sich nicht«. Wer mit dem Urgrund des Lebens wieder verbunden ist, der gewinnt auch ein neues Verhältnis sich selbst gegenüber, zu seinen Gefühlen, zu seinen Trieben, zu seinen Wünschen und Ängsten. Da wird es nach wie vor viel Schmerzen und Leiden und Tränen geben und hoffentlich auch viel Glück und Freude und überschäumende Begeisterung. Aber wen die Lebenskraft Gottes erfaßt hat, der kann nicht mehr in der eigenen Trübsal versinken oder andauernd sein Selbstmitleid pflegen. Noch in der äußersten Verzweiflung, noch in der tiefsten Verlassenheit wird er nach jenem Gott schreien, der die Erlösung schenkt.

Wir weinen, und wir sind voller Freude. Aber wir sind, in Freude und Schmerz, nicht allein. Wir leben, und wir werden vergehen.

Kunst des Lebens.
»Die kaufen (sollen sein), als könnten sie es nicht behalten, und die die Güter dieser Welt gebrauchen, als brauchten sie sie nicht«. Wer im Leib Jesu Christi Ruhe und Frieden gefunden hat, der wird auch ein neues Verhältnis zu Geld und Besitz gewinnen. Auch hier gilt kein generelles Verbot. Keine sexuelle Askese. Keine stoische Gelassenheit. Und also auch kein unbedingtes Armutsideal. Aber: Gebrauch aller Güter in Dankbarkeit. Besitz ohne Besessenheit. Genuß ohne Gier. Wahrscheinlich gehört zu einem humanen Umgang mit Geld und Besitz auch der regelmäßige Freiheitstest: Wieviel kann ich von dem, was ich habe, geben? Worauf kann ich, wenn andere es dringend benötigen, selber verzichten?
Wir haben viel. Aber wir gehören uns nicht. Wir leben. Und wir werden vergehen.

IV.

Geheimnis des Sterbens.
»Die Zeit ist kurz! – Die Gestalt dieser Welt vergeht!« Ein letzter Atemzug. Weg durch einen dunklen Kanal. Wir gehen zugrunde.
Wir werden von allen Abhängigkeiten entbunden.
Wir werden unendlich frei.

Herr, ewiger und allmächtiger Gott.
Deine Lebenskraft hat alles geschaffen, was ist.
Deine Treue hat Tod und Sünde besiegt.
Deine Liebe hat auch uns ins Leben gerufen.
Dafür danken wir Dir.

Weil Du ein herrlicher, ein lebendiger Gott bist,
bitten wir Dich für alle Menschen
im Lauf ihres Lebens,
in den Geschichten ihrer Liebe.
Laß Kinder in Geborgenheit aufwachsen.
Laß Jugendliche ein sinnvolles Leben finden.
Laß Männer und Frauen einander Glück und Erfüllung schenken.
Segne, die sich finden.
Befriede, die sich streiten.
Begleite, die sich trennen.
Dein Friede, Herr, ist höher als unsere Vernunft.
Deine Liebe, Herr, ist tiefer als unsere Leidenschaft.
Deine Klarheit, Herr, erhellt unser Leben.

Weil Du ein herrlicher, ein lebendiger Gott bist,
bitten wir Dich für alle,
die weinen und schreien und verstummen.
Für Kranke und Sterbende.
Für Verzweifelte und Einsame.
Für Gefolterte. Für Flüchtlinge.
Für alle, die unter den Schrecken des Krieges leiden.
Schenke Geduld. Schaffe Hilfe.
Aber auch für die bitten wir Dich,
die Glück haben und sich freuen können.
Daß sie dankbar bleiben und nicht hochmütig werden.
Daß sie das Elend um sich herum nicht vergessen.
Dein Erbarmen, Herr, ist ohne Ende.
Deine Gnade, Herr, ist jeden Morgen neu.
Deine Kraft, Herr, trägt uns durch unser Leben.

Weil Du ein herrlicher, ein lebendiger Gott bist,
bitten wir Dich für alle,
die ohne Besitz und Einkommen leben.
Für Arme und Arbeitslose.
Für Obdachlose und Hungernde.
Für Menschen am Rande des Existenzminimums.
Sorge dafür,
daß ihnen das Wenige nicht noch weiter gekürzt wird.
Wir bitten Dich für alle,
die Geld haben und reich sind
an Besitz, Macht und Wissen.
Die in Wirtschaft und Politik,
in Justiz, Verwaltung und Wissenschaft Verantwortung tragen.
Wehre aller Gier, die auf Kosten anderer lebt.
Wecke Bereitschaft zum Teilen.
Sorge für Recht und Gerechtigkeit.
Deine Macht, Herr, kann Arme reich und Reiche arm machen.
Schenke uns allen ein menschliches Herz.

Nimm Dich unser gnädig an.
Rette und erhalte uns.
Denn Dir allein gebührt
der Ruhm und die Ehre und die Anbetung,
dem Vater und dem Sohn und dem Heiligen Geist,
jetzt und immerdar
und von Ewigkeit zu Ewigkeit.

Amen.

Die Tiefen der Gottheit

Auch ich, liebe Brüder, als ich zu euch kam, kam nicht mit hohen Worten und hoher Weisheit, um euch das Geheimnis Gottes zu verkündigen. Denn ich hatte beschlossen, unter euch nichts zu wissen als allein Jesus Christus, den Gekreuzigten. So kam ich zu euch in Schwachheit und in Furcht und mit großem Zittern; und mein Wort und meine Predigt geschah nicht mit überredenden Worten menschlicher Weisheit, sondern wirkte durch den Erweis des Geistes und der Kraft, damit euer Glaube nicht auf Menschenweisheit beruhen sollte, sondern auf Gottes Kraft.
Dennoch verkündigen wir Weisheit unter den Vollkommenen; nicht eine Weisheit dieser Welt, auch nicht der Herrscher dieser Welt, die vergehen. Sondern wir verkündigen die geheimnisvolle Weisheit Gottes, die verborgen ist; Gott hat sie vor aller Zeit zu unserer Herrlichkeit vorherbestimmt, und keiner von den Herrschern dieser Welt hat sie erkannt; denn wenn sie die erkannt hätten, so hätten sie den Herrn der Herrlichkeit nicht gekreuzigt. Sondern es ist gekommen, wie geschrieben steht (Jesaja 64,3): »Was kein Auge gesehen hat und kein Ohr gehört hat und in keines Menschen Herz gekommen ist, was Gott bereitet hat denen, die ihn lieben.« Uns aber hat es Gott offenbart durch seinen Geist; denn der Geist erforscht alle Dinge, auch die Tiefen der Gottheit. Denn was im Menschen ist, weiß niemand als allein der Geist des Menschen, der in ihm ist. So weiß auch niemand, was in Gott ist, als allein der Geist Gottes. Wir aber haben nicht den Geist der Welt empfangen, sondern den Geist aus Gott, so daß wir wissen können, was uns von Gott geschenkt ist. Und davon reden wir nicht mit Worten, wie sie menschliche Weisheit lehren kann, sondern mit Worten, die der Geist lehrt, und deuten das Wirken des Geistes auf geistgewirkte Art. Der natürliche Mensch aber nimmt nichts an, was vom Geist Gottes kommt; es ist ihm eine Torheit, und er kann es nicht verstehen; denn es muß geistlich beurteilt werden. Der geistliche Mensch aber beurteilt alles und kann doch selber von niemand beurteilt werden. Denn »wer hat den Geist des Herrn erkannt, oder wer will ihn unterweisen«? (Jesaja 40,13) Wir aber haben den Geist Christi.

1. Korinther 2,1-16

I.

In der Tiefe kann man versinken.
Tief ist das Meer. Tief sind die Leidenschaften, sind Angst und Verzweiflung. Unergründlich tief ist die Gottheit.

Wo Untergang droht, muß Kontrolle herrschen. Wasserfluten müssen eingedeicht werden. Die Abgründe der Seele werden vom Alltagsbewußtsein in Schranken gehalten. Die unbezähmbare Heiligkeit Gottes wollen wir durch theologische Formeln bestimmen.
Turbulenzen entstehen dann, wenn die Tiefe sich nicht länger bändigen läßt. Wasserfluten zerstören dann alle Dämme. Freiheitswünsche, Todesängste, Lebenstriebe zerbrechen soziale Strukturen. Die Wirklichkeit des lebendigen Gottes fegt alle Schranken, die Menschen zu ihrem Selbstschutz errichten, souverän und gnadenlos beiseite.
Wie können wir die Tiefen der Gottheit ertragen? Ohne darin zu versinken? Und ohne Gott in unser menschliches Fassungsvermögen einzusperren?

II.

Paulus schreibt an die Gemeinde in Korinth, die er selber gegründet hat und in der es nun um seine Person Konflikte gibt: »Als ich zu euch kam, kam ich nicht mit hohen Worten und hoher Weisheit, um euch das Geheimnis Gottes zu verkündigen«.
Offensichtlich gibt es eine Tendenz, vor der Tiefe der Gottheit in die Höhe menschlicher Weisheit zu fliehen. In der Höhe ist alles deutlich und klar. Dort kann man alles überschauen und alles verstehen. In der Höhe herrschen Bewußtsein, Erkenntnis, Vernunft. Das alles ist für den Umgang mit der Natur und für das Verständnis von Menschen unabdingbar. Man darf sich von Personen und Sachen nicht einfach einfangen und überwältigen lassen. Man muß Distanz gewinnen, Abstand wahren. Selbst Gott gegenüber ist diese Haltung in gewisser Haltung sinnvoll – sonst dürfte es Theologie gar nicht geben.
Aber Theologie redet bestenfalls über die Geheimnisse Gottes, sie verkündigt sie nicht. Wenn Gottes Wort unter Menschen laut wird, dann hört alle akademische Oberflächlichkeit auf und dann dürfen Menschen allen Größenwahn hinter sich lassen. »So kam ich zu euch in Schwachheit und in Furcht und mit großem Zittern«.
Soviel wir wissen, hat der Apostel vor anderen Menschen nicht übermäßig viel Angst gehabt. Und an kirchlichen Minderwertigkeitsgefühlen, weil die Zeitgenossen angeblich nicht mehr glauben mögen, hat er auch nicht gelitten. »Schwachheit und Furcht und großes Zittern« – das alles stammt nicht aus Menschenfurcht oder Erfolgsunsicherheit.
»Schwachheit und Furcht und großes Zittern« erfaßt die, die in die Nähe Gottes geraten. In der Tiefe kann man versinken. Der Halt geht verloren. Die Seele kann überflutet, die Person überfallen werden von einer Macht, die Menschen ergreift und zu Boden reißt und verändert.
Für Paulus macht die Verkündigung alle menschliche Weisheit zuschanden, weil darin das Geheimnis Gottes zutage tritt. »Wir verkündigen die gehei-

nisvolle Weisheit Gottes, die verborgen ist; Gott hat sie vor aller Zeit zu unserer Herrlichkeit vorherbestimmt, und keiner von den Herrschern dieser Welt hat sie erkannt; denn wenn sie die erkannt hätten, so hätten sie den Herrn der Herrlichkeit nicht gekreuzigt«.
Das Geheimnis Gottes ist unerhört neu: Kein Mensch hat es vorher erfahren. Das Geheimnis Gottes ist aber auch unerhört alt: Vor aller Zeit ist es in Gott zu unserem Heil erwachsen. Das Geheimnis Gottes bleibt doppeldeutig: Die einen nehmen es an, die anderen werden es niemals verstehen. Das Geheimnis Gottes ist aber auch unheimlich mächtig: Selbst die Dämonen würden sich unterwerfen, wenn sie zu diesem Geheimnis berufen wären.
Worin besteht es denn? Man kann gar nicht sicher sein, daß Paulus dieses Geheimnis auch schriftlich festgehalten hat. Denn jemand, der so entschieden davon zu reden weiß, der weiß auch, daß man einem Brief nicht alles anvertrauen kann. Es kommt auf den Augenblick an, auf die Anwesenden, auf ihre Ergriffenheit, um Dinge sagen zu können, die in der distanzierten Form des schriftlichen Kontakts unaussprechlich sind.
Immerhin, Paulus deutet in einem Satz an, was er der Gemeinde am Anfang anvertraut hat. »Ich hatte beschlossen, unter euch nichts zu wissen als allein Jesus Christus, den Gekreuzigten«. Wo ist das Geheimnis? Die Kreuzigung des Jesus aus Nazaret ist ein historischer Tatbestand. Daß der Sohn Gottes für die Sünden der Menschheit gelitten hat, ist eine dogmatische Formel.
Wo ist das Geheimnis? Daß in dieser Botschaft des Apostels eine unheimliche Macht wirksam geworden ist, zeigt die Geschichte. Im Namen des Kreuzes haben Menschen sich selber gequält. Im Zeichen des Kreuzes haben Menschen Kriege geführt, Hexen verbrannt, Juden ausgerottet. Das Kreuz ist eine Macht. Es kann in die Hände der Dämonen geraten. Aber was hat es mit der Tiefe der Gottheit zu tun?

III.

In der Tiefe Gottes kann man versinken. Deshalb fliehen die Menschen davor. Sie halten brillante Reden. Sie entwickeln gelehrte Gedanken. Sie pflegen eine ernsthafte Frömmigkeit. Sie gebrauchen das Kreuz als Machtinstrument.
Für Paulus gibt es nur einen Weg, sich mit Hilfe des Kreuzes auf die gefährlichen Tiefen der Gottheit einzulassen. Das Geheimnis, das allen verborgen ist, »uns hat es Gott offenbart durch seinen Geist, denn der Geist erforscht alle Dinge, auch die Tiefen der Gottheit«.
Deshalb kann man Verkündigung nur »in Schwachheit und in Furcht und mit großem Zittern« betreiben. Denn alles, was ein Mensch hat und was ein Mensch ist, sein Leib, seine Seele, sein Geist, seine Identität, all das steht auf

dem Spiel, wenn das Geheimnis Gottes zur Sprache kommt. Die wirklichen Zeugen Gottes leben an der Grenze zum Selbstverlust. Wen der Geist Gottes ergreift, der hat Mühe, die Fassung zu bewahren.

IV.

»Wir haben den Geist Christi«. Paulus wagt diesen gewaltigen Satz. Er kann ihn wagen, weil die Christen und Christinnen in Korinth die Taufe empfangen haben. Und auch wir sollen uns diesen Satz gesagt sein lassen: »Wir haben den Geist Christi«. Wir sind getauft. Wir haben die Predigt von Jesus Christus, dem Gekreuzigten, gehört. Wir können im Laufe unseres Lebens die Tiefen der Gottheit erforschen.
Am Kreuz hängt ein sterbender Mensch, von den Herrschern der Welt, von den politischen und den religiösen und den dämonischen Machthabern zu Tode gebracht. Am Kreuz ist Ohnmacht zu sehen und Allmacht zu ahnen, denn dieser Marterpfahl verbindet Himmel und Erde, Mensch und Gott, Leben und Tod. Die zernagelten Hände segnen die ganze Welt. Der Schrei der Gottverlassenheit wandert durch alle Sphären des Kosmos in das Ohr und das Herz und in alle Tiefen der Gottheit hinein.
»Wer will uns scheiden von der Liebe Gottes? Trübsal oder Angst oder Verfolgung oder Hunger oder Entbehrung oder Gefahr oder Schwert? wie geschrieben steht: ›Um deinetwillen werden wir getötet den ganzen Tag; wir sind geachtet wie Schlachtschafe‹. Aber in dem allen überwinden wir weit durch den, der uns geliebt hat. Denn ich bin gewiß, daß weder Tod noch Leben, weder Engel noch Mächte noch Gewalten, weder Gegenwärtiges noch Zukünftiges, weder Hohes noch Tiefes noch irgendein anderes Geschöpf uns scheiden kann von der Liebe Gottes, die in Christus Jesus ist, unserm Herrn« (Römer 8, 35ff.).
In der Tiefe Gottes ist mein Leben aufbewahrt, meine Gegenwart, meine Vergangenheit, meine ganze Zukunft. In der Tiefe Gottes ruht meine Verblendung und meine Erleuchtung, mein Leiden und meine Leidenschaft und meine Erlösung.
Was wird aus uns werden, wenn wir im Meer der Liebe wirklich versinken? Wer werden wir sein, wenn Gott alles in allem sein wird?
»Siehe, ich sage euch ein Geheimnis: Wir werden nicht alle entschlafen, wir werden aber alle verwandelt werden; und das plötzlich, in einem Augenblick, zur Zeit der letzten Posaune. Denn die Posaune wird erschallen, und die Toten werden auferstehen unverweslich, und wir werden verwandelt werden. Denn dies Verwesliche muß anziehen die Unverweslichkeit, und dies Sterbliche muß anziehen die Unsterblichkeit. Wenn aber dies Verwesliche die Unverweslichkeit anziehen wird und dies Sterbliche die Unsterblichkeit, dann wird das Wort erfüllt werden, das geschrieben steht: ›Der Tod

ist verschlungen vom Sieg. Tod, wo ist dein Sieg? Tod, wo ist dein Stachel?‹ Der Stachel des Todes aber ist die Sünde, und die Kraft der Sünde ist das Gesetz. Gott aber sei Dank, der uns den Sieg gibt durch unsern Herrn Jesus Christus!« (1. Korinther 15, 51ff.).

Herr, ewiger und allmächtiger Gott.
Du bist der Grund unseres Lebens.
Du bist das Ziel unserer Wege.
Aus Deiner Liebe kommen wir.
Aus Deiner Kraft leben wir.
Auf Dein Reich warten wir.
Du bist Gott,
im Geheimnis Deines ewigen Seins,
der Vater und der Sohn und der Heilige Geist.

Weil Du unsere Tiefe geteilt
und unseren Tod gestorben bist,
bitten wir Dich für alle Menschen
in ihrem Elend:
für Arme, Alte, Arbeitslose,
für Kranke, Verzweifelte und Sterbende,
für Hungernde und Vertriebene,
für die Opfer von Krieg, Unfall
und aller Art von Gewalt:
Herr, erbarme Dich aller,
die leiden.

Weil Du unsere Tiefe geteilt hast
und selbst unter dem Bösen gelitten hast,
bitten wir Dich für alle Menschen
in Verblendung und Besessenheit:
beende Folter und Völkermord,
halte auf die Vergiftung
von Wasser, Erde und Luft,
reiße Menschen aus Habsucht und Machtgier,
gib gute Regierung, gerechtes Gericht,
sorge für eine menschenfreundliche Wirtschaft,
für Nachrichten ohne Lüge,
für Wissenschaft, die dem Leben dient,
gib Arbeit und Brot, Frieden und Freiheit
in allen Ländern der Erde.

*Weil Du unsere Tiefe geteilt
und in unserer Mitte gewirkt hast,
bitten wir Dich für alle,
die anderen zu helfen versuchen:
erfülle alle Herzen mit dem Feuer Deiner Liebe,
erhelle alle Worte mit dem Licht Deiner Wahrheit,
stärke alle Hände mit der Kraft Deines Segens.*

*Du, Herr,
hast uns bei unserem Namen gerufen
und uns mit der Kraft Deines Geistes begabt.
Begleite uns auf unserer Wanderschaft.
Wir kommen aus der Tiefe Deiner Liebe.
Wir irren durch die Tiefen des Lebens.
Wir werden in der Ewigkeit Deines Reiches versinken.
Du wirst sein alles in allem.
Deshalb loben und preisen wir Dich,
den Herrn der Welt,
den Sinn des Lebens,
das Ziel der Geschichte,
den Vater und den Sohn und den Heiligen Geist,
jetzt und immerdar
und von Ewigkeit zu Ewigkeit.*

Amen.

Die Sprache des Himmels

Strebt nach der Liebe! Bemüht euch um die Gaben des Geistes, am meisten aber um die Gabe der prophetischen Rede! Denn wer in Zungen redet, der redet nicht für Menschen, sondern für Gott; denn niemand versteht ihn, vielmehr redet er im Geist geheimnisvolle Dinge. Wer aber prophetisch redet, der redet für die Menschen zur Erbauung, zur Ermahnung und zur Tröstung. Wer in Zungen redet, der erbaut sich selbst; wer aber prophetisch redet, der baut die Gemeinde auf. Ich wollte, daß ihr alle in Zungen reden könntet; aber noch viel mehr, daß ihr prophetisch reden könntet. Denn wer prophetisch redet, ist größer als einer, der in Zungen redet; es sei denn, er legt es auch aus, damit die Gemeinde dadurch aufgebaut wird.
Wenn ich nun also zu euch käme, liebe Brüder, und in Zungen redete, was würde ich euch nützen, wenn ich nicht verständlich mit euch redete in Worten der Offenbarung oder der Erkenntnis, der Prophetie oder der Lehre? Verhält es sich doch auch so mit leblosen Dingen, die Töne hervorbringen, wie Flöte oder Harfe: wenn sie nicht deutlich unterschiedene Töne von sich geben, wie kann man erkennen, was geflötet oder auf der Harfe gespielt wird? Und wenn die Posaune einen undeutlichen Ton gibt, wer wird sich zum Kampf rüsten? So ist es auch mit euch: wenn ihr in Zungen redet und nicht mit deutlichen Worten, wie kann man wissen, was gemeint ist? Ihr werdet in den Wind reden. Es gibt doch so viele Sprachen in der Welt, und niemand ist ohne Sprache.

1. Korinther 14,1-10

I.

Als sie in die Beratungsstunde kam, setzte sie sich nicht auf ihren angestammten Platz. Vielmehr drückte sie dem Therapeuten einen Zettel in die Hand, stellte sich in eine Ecke des Zimmers, mit dem Gesicht zur Wand, und sagte eindringlich: »Lesen Sie vor, bitte!« Der war so beeindruckt, daß er alle methodischen Regeln vergaß und zu lesen begann: »Du bist ein liebes, ein schönes Kind«. »Noch einmal«, bat die dicke, von Kummer und Alkohol entstellte Frau. Und er las wieder: »Du bist ein liebes, ein schönes Kind«. Als sie sich dann endlich auf ihren Stuhl setzte, rannen Tränen über ihr Gesicht. Und die gemeinsame Arbeit begann.
Das kann die Sprache des Himmels sein. Ein Wort, das uns tief verletzt hat, wird durch ein neues, ein besseres Wort überholt. Eine Szene, die unser

Leben geprägt hat, wird neu und anders gespielt. Das böse, das häßliche Kind, das zur Strafe in die Ecke geschickt wurde, hört einen Satz, der sein Leben verwandeln kann: Du bist gut, du bist schön.
Die meisten sind auf der Suche nach jenem Wort, das ihr Leben neu aufbaut. Die Verlassenen wollen hören, daß sie geliebt sind. Die Schwachen wollen erfahren, wie stark sie sind. Die Mächtigen wollen spüren, daß sie auch hilflos sein dürfen. Die Verachteten wollen Anerkennung erhalten. Die Verzweifelten wollen getröstet werden. Zerstrittene warten auf einen Satz der Versöhnung. Verurteilte, Verdammte wollen Gnade erfahren. Sterbende warten darauf, daß sie das Zeitliche segnen können. Ein ungeheurer Hunger nach guten Worten ist in der Welt.

II.

Die Sprache des Himmels – das ist in der Korinther-Gemeinde damals und in manchen Gemeinden heute noch etwas ganz anderes. Menschen reden in Zungen, in unmenschlichen Lauten, wenn sie in Ekstase geraten. Sie werden von einem übermächtigen Geist erfaßt. Und sie vollziehen dann nicht nur unkontrollierte Körperbewegungen, Zuckungen, Verrenkungen. Auch ihre Sprachwerkzeuge werden dann nicht länger durch den eigenen Verstand dirigiert. Sie werden zum Instrument einer fremden Macht. Sie stammeln. Sie lallen. Sie jauchzen und jubeln. Sie schreien. Ohne Sinn und Bedeutung. Unverständliche Laute, unheimliche Töne durchfluten den Raum. Eine andere, eine unmenschliche, eine unbegreifliche Welt breitet sich aus.
Wir aufgeklärten Christen des 20. Jahrhunderts sind froh, daß der Apostel Paulus dieses unkontrollierte Treiben schon damals sehr stark eingeschränkt hat. »Bemüht euch um die Gaben des Geistes, am meisten aber um die Gabe der prophetischen Rede! Denn der in Zungen redet, der redet nicht für Menschen, sondern für Gott; denn niemand versteht ihn, vielmehr redet er im Geist geheimnisvolle Dinge. Wer aber prophetisch redet, der redet für die Menschen zur Erbauung, zur Ermahnung und zur Tröstung. Wer in Zungen redet, der erbaut sich selbst; wer aber prophetisch redet, der baut die Gemeinde auf«. Nicht die unverständliche Begeisterung ist ihm wichtig, sondern die gezielte, die direkte Anrede an die Gemeinde. Und wenn jemand vom Geist Gottes erfaßt wird, so soll er auf jeden Fall darum bitten, daß diese Sprache des Himmels in die Sprache der Menschen übersetzt werden kann. »Du bist ein liebes, ein schönes Kind«. Bis heute wird deshalb in den Gottesdiensten und in den Beratungsstellen der Kirche erbaut und ermahnt und getröstet. Wir beten, wir singen, wir hören Predigten an. Und fast alles ist auch verständlich. Manchmal sind wir sogar ein wenig ergriffen. Aber was hat eine Gemeinde verloren, wenn es in ihrer Mitte kein Zungenreden mehr gibt?

III.

Paulus kennt nicht nur die menschlichen Sprachen, die vom Verstand gesteuert werden. Und nicht nur die himmlische Sprache, die in der Kraft des Geistes über Menschen hereinbricht. Schon das Alte Testament redet ja, wir sagen: in poetischer Weise, davon, daß die ganze Schöpfung etwas zu sagen hat. »Die Himmel rühmen des Ewigen Ehre«, heißt es im 19. Psalm; »ein Tag sagt's dem anderen, und eine Nacht tut's der anderen kund«. Unermüdlich, unzerstörbar singt die ganze Schöpfung das Lob des ewigen, des heiligen Schöpfers. Der Prozeß der Evolution, der genetische Code, die Vielfalt der Arten, das rätselhafte Werden, Wachsen, Vergehen, das sich in jedem von uns vollzieht: All das ist erfüllt von jenem Klang des Lebens, der einzig und allein den lebendigen Gott verherrlicht.

Bei Paulus hat diese untermenschliche Sprache der Kreatur eine besondere Färbung gewonnen. Im 8. Kapitel seines Briefs an die Gemeinde in Rom formuliert er das so: »Wir wissen, daß die ganze Schöpfung bis zu diesem Augenblick seufzt und in Wehen liegt. Aber nicht nur sie, sondern auch wir selbst, die wir den Geist als Erstlingsgabe haben, seufzen in uns selbst und warten auf die Kindschaft, die Erlösung unseres Leibes«. Paulus hört nicht nur den Lobgesang, der die Schöpfung durchzieht. Er hört auch und vor allem das Schreien und Klagen und Wimmern, das Seufzen der Verzweifelten, das leise Stöhnen der Hungernden, das Brüllen der Kämpfer, das Röcheln der Sterbenden. Zu hören gibt es heute noch mehr. Bedrohte Völker. Zum Aussterben verurteilte Arten. Verpestete Luft. Vergiftetes Wasser. Verseuchte Erde. Nicht nur das Blut Adams schreit heute zum Himmel.

Worauf wartet die Schöpfung, die in den Wehen liegt? Sie wartet sicher darauf, daß Menschen miteinander und mit der Natur verständig umgehen. Sie wartet darauf, daß wir einander erbauen und mahnen und trösten. Aber für Paulus wäre die Schöpfung rettungslos verloren, wenn es nur die Sprache der Menschen, die Sprache des Verstandes, die Sprache der Wissenschaft, die Sprache der Gesetze und Ordnungen gäbe. Mit all diesen Mitteln kann man die Welt bestenfalls bewahren und schützen. Aber erlösen kann man sie nicht.

IV.

»Es gibt sehr viele Sprachen in der Welt. Und niemand ist ohne Sprache«. Die Sprachen der Menschen beherrschen wir mehr oder weniger gut. Die Sprache der Natur versuchen wir zu entschlüsseln. Die Sprache des Himmels steht uns im Augenblick nicht zur Verfügung.

Wahrscheinlich ist damit ein ganzer Wirklichkeitsbereich für uns verlorengegangen. Denn wenn das gilt: »Nichts ist ohne Sprache«, dann trifft auch die Umkehrung zu: »Was keine Sprache hat, das ist nicht«. Wenn sich der Geist nicht mehr in Zungen artikuliert, dann können wir noch immer eine theologische Lehre über den Heiligen Geist entwerfen oder eine Predigt über das Zungenreden versuchen. Aber die Erfahrung, daß sich durch menschliches Sprechen eine jenseitige Sprache, die Sprache des Himmels, die Sprache des Heiligen zu Wort meldet, diese Erfahrung stellt sich dann nicht mehr ein.

Wenn Christen nicht mehr in Zungen reden, dann verändert sich aber nicht nur die Realität, dann verändert sich auch der Glaube. Was Paulus als Mahnung gemeint hat, wird dann zum grundsätzlichen Gesetz. Alles muß nützlich sein. Alles muß menschlichen Bedürfnissen dienen. Gott hat nur dann eine Chance, wenn er den Hunger nach guten Worten zu stillen vermag. Er soll uns helfen und heilen. Aber er darf unser Leben nicht stören und unseren Verstand nicht verwirren. Wenn Christen nicht mehr in Zungen reden, dann hat Gott unter ihnen seine Macht und sein Geheimnis verloren. Der Verstand ist zum Panzer geworden. Wir schreiben Gott vor, was er uns zu sagen hat.

V.

Unerbittlich, unergründlich, ungerührt erfüllt die Sprache des Himmels die Welt. Weil es bei der Macht des Heiligen Geistes um eine uns fremde Erfahrung geht, können wir nur in fremden, in tausend Jahre alten Worten darum bitten.

»Komm, den meine arme Seele verlangt hat und verlangt ... Komm, der du mein Verlangen geworden bist, und der du gemacht hast, daß ich dich verlange, dem zuzustreben niemand vermag. Komm, mein Atem und mein Leben. Komm, Trost meiner Seele. Komm, Jubel und Herrlichkeit, und mein beständiges Ergötzen«.

VI.

Was steht auf dem Blatt Papier, das wir lebenslang mit uns tragen? Was wollen wir hören?

Die alkoholkranke Frau, durch frühe Worte verletzt, wollte den einen Satz mitbekommen: »Du bist ein liebes, ein schönes Kind«.

Der Apostel, der das Seufzen in der Schöpfung zu hören verstand, hat einen anderen tröstlichen Satz aufgeschrieben: »Wir wissen nicht, was wir beten sollen. Der Geist hilft unserer Schwachheit auf«.

1. Korinther 14,1-10

Der Eine, der die Sprache der Menschen und die Sprache der Schöpfung und die Sprache des Himmels verstand, hat den Sinn dessen, was ist, so zusammengefaßt: »Dein ist das Reich und die Kraft und die Herrlichkeit«.

Herr, ewiger und allmächtiger Gott,
von allen Seiten umgibt uns Deine heilige Macht.
Dein Reich ist das Ziel unserer Wege.
Deine Kraft ist der Grund unseres Lebens.
Deine Herrlichkeit ist der Sinn unseres Daseins.
Aus Dir kommen wir.
Zu Dir gehen wir.
Dir sei ewiglich Dank.

Weil Du das Ziel aller Sehnsucht bist,
bitten wir Dich für alle,
die Hunger leiden:
für Arbeitslose und Arme,
für Einsame und Verlassene,
für Süchtige und Lebensüberdrüssige,
für Verwirrte und Besessene,
für Kranke und Sterbende ,
für uns alle,
die wir Frieden suchen und Frieden finden.
Rette aus Leiden,
schenke Mut und Vertrauen,
wecke Hilfsbereitschaft.

Weil Du der Grund allen Lebens bist,
bitten wir Dich für das,
was bedroht und gefährdet ist:
für Völker, die sich im Haß zerfleischen,
für Minderheiten,
die unterdrückt und beseitigt werden,
für alles, was zum Tode verurteilt ist,
für Gefangene und Gefolterte,
für die Tiere, für die Erde:
Beendige Mordlust.
Beseitige Habgier.
Befreie uns aus den Mächten des Bösen.

Weil Du der Sinn unseres Lebens bist,
bitten wir Dich um den Erweis Deiner Macht.

Fülle unser Herz mit Deinem Wort.
Lenke unseren Weg durch Deinen Geist.
Zeige Deine Gnade im Lauf unseres Lebens.
Beweise Deine Macht in den Geschicken der Völker,
in der Rettung der Schöpfung.

Nimm Dich unser gnädig an.
Rette und erhalte uns.
Denn Dir allein gebührt
der Ruhm und die Ehre und die Anbetung,
dem Vater und dem Sohn und dem Heiligen Geist,
jetzt und immerdar
und von Ewigkeit zu Ewigkeit.

Amen.

Die Angst vor den Armen

Die Gottlosen sprechen in ihrem Herzen: Es gibt keine Armen. Es gibt keinen Gott. Es gibt kein Gericht.
Natürlich kennen wir die Statistiken. Das Stichwort von der Zwei-Drittel-Gesellschaft ist ein beliebtes Diskussionsargument. Manchmal ahnen wir auch, daß in diesem Augenblick irgendwo auf der Erde ein entkräfteter Mensch seinen letzten Atemzug tut. Aber wir leben so, als ob es die Armen nicht gäbe.
Gibt es Gott wirklich für uns? Wir nehmen das Wort in den Mund. Wir gehen in den Gottesdienst und beten wohl auch. Aber meistens rechnen wir mit der Macht anderer Wirklichkeiten. Mit Personen und Institutionen, mit politischen Entwicklungen und finanziellen Möglichkeiten. Meistens leben wir so, als ob es den einen, den einzigen Gott nicht gäbe.
Nur in einer Hinsicht sind wir ganz sicher. Der Gott, von dem wir gern reden, ist ein barmherziger Gott. Der Gerichtsgedanke ist alttestamentarisch. Hat Jesus aus Nazaret denn so etwas Schreckliches je gepredigt? Bei Matthäus ist zu lesen:
Wenn aber der Menschensohn in seiner Herrlichkeit kommen wird, und alle Engel mit ihm, dann wird er auf dem Thron seiner Herrlichkeit sitzen, und alle Völker werden vor ihm versammelt werden. Und er wird sie voneinander scheiden, so wie ein Hirt die Schafe von den Böcken scheidet, und wird die Schafe zu seiner Rechten stellen und die Böcke zur Linken. Da wird dann der König zu denen zu seiner Rechten sagen: Kommt her, ihr Gesegneten meines Vaters, erbt das Reich, das euch vom Anfang der Welt an bereitet ist! Denn ich bin hungrig gewesen, und ihr habt mir zu essen gegeben. Ich bin durstig gewesen, und ihr habt mir zu trinken gegeben. Ich bin ein Fremder gewesen, und ihr habt mich aufgenommen. Ich bin nackt gewesen, und ihr habt mich gekleidet. Ich bin krank gewesen, und ihr habt mich besucht. Ich bin im Gefängnis gewesen, und ihr seid zu mir gekommen. Dann werden ihm die Gerechten antworten: Herr, wann haben wir dich hungrig gesehen und haben dir zu essen gegeben? oder durstig und haben dir zu trinken gegeben? Wann haben wir dich als Fremden gesehen und haben dich aufgenommen? oder nackt und haben dich gekleidet? Wann haben wir dich krank oder im Gefängnis gesehen und haben dich besucht? Und der König wird ihnen antworten: Wahrlich, ich sage euch: Was ihr einem von diesen meinen geringsten Brüdern getan habt, das habt ihr mir getan.
Dann wird er auch zu denen zur Linken sagen: Geht weg von mir, ihr Verfluchten, in das ewige Feuer, das dem Teufel und seinen Engeln bereitet

ist! Denn ich bin hungrig gewesen, und ihr habt mir nichts zu essen gegeben. Ich bin durstig gewesen, und ihr habt mir nichts zu trinken gegeben. Ich bin ein Fremder gewesen, und ihr habt mich nicht aufgenommen. Ich bin nackt gewesen, und ihr habt mich nicht gekleidet. Ich bin krank und im Gefängnis gewesen, und ihr habt mich nicht besucht. Dann werden auch sie ihm antworten: Herr, wann haben wir dich hungrig oder durstig oder als Fremden oder nackt oder krank oder im Gefängnis gesehen und haben dir nicht gedient? Dann wird er ihnen antworten: Wahrlich, ich sage euch: Was ihr einem von diesen Geringsten nicht getan habt, das habt ihr auch mir nicht getan. Und sie werden hingehen: diese zur ewigen Strafe, aber die Gerechten in das ewige Leben.

Matthäus 25,31-46

I.

Was macht dieser Text mit den Gottlosen? Er verrät ein Geheimnis. Und dieses Geheimnis ist unerträglich, weil es uns im Alltag umgibt. Das Geheimnis Gottes ist unermeßlich banal.
Menschen hungern und dürsten und frieren. Ausländer. Kranke. Gefangene. Die Welt ist voll davon. Die Straßen sind voll davon. Die Nachrichten sind voll davon. »Eure Armut kotzt mich an«, lautet der neueste Aufkleber-Hit. Angst und Abwehr. Warum? Weil die Armen uns etwas wegnehmen werden? Sie wollen gar nicht so viel. Etwas zu essen, ein Dach über dem Kopf, ein paar Stunden Arbeit am Tag. Die meisten, hier und anderswo, wären mit wenig zufrieden.
Woher dann die Angst? Weil sie uns ein schlechtes Gewissen machen? Sicher. Wenn auf der Straße die Bettler sitzen, fällt es manchen sehr schwer, in ein Café oder in eine Boutique zu gehen.
Woher die Angst vor den Armen? Weil wir selber einmal im Dreck landen können? Das ist für die meisten hier nur mehr oder weniger wahrscheinlich. Man kann schon nachdenklich werden, wenn man unter den Pennern einen früheren Studenten entdeckt.
Offensichtlich stellen die Armen in all ihrer Erbärmlichkeit eine Bedrohung dar. Sie verraten die Kehrseite des Lebens. So darf es bei uns nicht sein. So soll es mit uns nicht werden.
»Wenn der Menschensohn in seiner Herrlichkeit kommen wird, und alle Engel mit ihm, dann wird er auf dem Thron seiner Herrlichkeit sitzen, und alle Völker werden vor ihm versammelt werden«. Und er wird sagen: Ich bin hungrig gewesen. Ich bin durstig gewesen. Ich bin ein Fremder gewesen. Ich bin nackt gewesen. Ich bin krank gewesen. Ich bin gefangen gewesen.
Was macht dieser Text? Er verrät ein Geheimnis. Er führt in die Zukunft des Endgerichts, um uns für die Gegenwart etwas zu sagen. Die

eigentliche Bedrohung, die von den Armen ausgeht, das ist nicht ihr Wille zu leben oder unser schlechtes Gewissen oder die Angst vor einem ähnlichen Schicksal. Die eigentliche Bedrohung, die die Armen darstellen, das ist Er selbst. Das ist Seine Realpräsenz unter den Elenden dieser Welt.
Alles andere scheint man ja in der Kirche verwalten zu können. Sein Wort wird von den Pfarrerinnen und Pfarrern immer auch so gepredigt, daß es die Menschen letztlich in Ruhe läßt. Seine leibliche Gegenwart in Brot und Wein ist beim Abendmahl so gestaltet, daß Erschrecken und Schauder auch wieder vorübergehen. Wenn Er nicht nur in Wort und Sakrament, nicht nur in klugen Gedanken und frommen Gefühlen Gegenwart wird, wenn Er auf der Straße begegnet, wenn Er die Drogenszene bevölkert oder nachts über die Grenzen schleicht, dann hat die Welt ihre überschaubare soziale Ordnung verloren.
Der auf dem Thron Seiner Herrlichkeit sitzt, redet uns an: Ich bin hungrig. Ich bin durstig. Ich bin ein Fremder. Ich bin nackt. Ich bin krank. Ich bin gefangen.
Wo ist Gott? Geh auf die Straße und schau dich um.

II.

»Wenn der Menschensohn in seiner Herrlichkeit kommen wird, und alle Engel mit ihm, dann wird er auf dem Thron seiner Herrlichkeit sitzen, und alle Völker werden vor ihm versammelt werden«.
Was macht dieser Text mit denen, die ihn hören müssen? Er verrät das Geheimnis der Armen. Er offenbart das Geheimnis Gottes. Er gibt auch das Überraschungsgeheimnis des Endgerichts preis.
Niemand von uns wird einmal behaupten können, er habe die verborgenen Regeln des irdischen Lebens nicht gekannt. Arme jedweder Art laufen uns über den Weg. Uns ist gesagt, wer uns in dieser Gestalt begegnet. Wir wissen auch, was wir im Endgericht zu erwarten haben.
»Und der König wird ihnen antworten: Wahrlich, ich sage euch: Was ihr einem von diesen meinen geringsten Brüdern getan habt, das habt ihr mir getan. – Was ihr einem von diesen Geringsten nicht getan habt, das habt ihr auch mir nicht getan«.
Was macht dieser Text mit uns? Er gibt uns eine Chance.
Die Gottlosen sprechen in ihrem Herzen: Es gibt keine Armen. Es gibt keinen Gott. Es gibt kein Gericht.
Wer die Worte Jesu hört und sie glaubt, wer das Geheimnis des Lebens erfaßt, der wird sein Leben ändern.
Die Schleier, die die Alltagsrealität umhüllen, sind durch diese Worte durchbrochen.

Die Fesseln, die uns an die Alltagsmächte binden, sind durch diese Worte gelockert.
Es gibt Arme.
Es gibt den einen, den einzigen Gott.
Es gibt das Gericht.
Und es gibt das ewige Leben.
Wenn wir nachher aus dem Gottesdienst gehen, sind wir alle auf einem Weg: »Diese zur ewigen Strafe, aber die Gerechten in das ewige Leben«.

Herr, ewiger und allmächtiger Gott.
Aus Deiner Ewigkeit leuchtet das Licht Deines Wortes
in unsere dunkle Welt.
Aus Deiner Allmacht füllt die Kraft Deines Geistes
unser gottloses und verzagtes Herz.
Aus allen Bindungen dieser Welt führt Dein Sohn
uns den Weg in die ewige Seligkeit.

Weil Du unsere Augen geöffnet hast
für die Wirklichkeiten des Lebens,
bitten wir Dich für alle,
die hungrig und durstig, nackt und gefangen sind:
Daß ihnen geholfen wird in ihrem Elend
durch uns und durch andere,
durch wirtschaftliche Entwicklung,
durch medizinische Versorgung,
durch Freiheit, Frieden und Recht.
Laß uns nicht vergessen,
daß in den Elenden der Erde
Du selbst um Hilfe bittest.

Weil Du unsere Augen geöffnet hast
für die Wirklichkeiten des Lebens,
bitten wir Dich für alle,
die fremd sind in ihrer Umgebung:
für die Flüchtlinge überall in der Welt,
für die Ausgestoßenen und Verfolgten,
für die Opfer von Friedlosigkeit und Gewinnstreben,
für die Asylsuchenden und Aussiedler in unserem Land:
Daß alle ihre Lebenschance bekommen,
daß sie gut behandelt und tatkräftig unterstützt werden,
daß wir und andere für sie eintreten
mit Worten und mit Taten.

*Laß uns nicht vergessen,
daß in den Elenden der Erde
Du selbst um Hilfe bittest.*

*Weil Du unsere Augen geöffnet hast
für die Wirklichkeiten des Lebens,
bitten wir Dich für alle,
die krank sind, die süchtig sind,
die Schmerzen haben,
die ahnen, daß ihr Leben zu Ende geht:
Laß Menschen dasein,
die heilen können
und die auch denen beistehen,
für die es keine Hilfe mehr gibt.
Laß uns nicht vergessen,
daß in den Elenden der Erde Du selbst
nach Hilfe schreist.*

*Weil Du unsere Augen geöffnet hast
für die Wirklichkeiten des Lebens,
loben wir Deinen heiligen Namen,
preisen wir Deine herrlichen Taten,
danken wir Dir für dieses Leben
mit allen Schwierigkeiten und allem Glück.*

*Mach uns frei von Menschenfurcht.
Bewahre uns vor Habgier und Ehrgeiz.
Reiß uns aus den Bindungen dieser Welt.
Mach uns bereit,
vor den Thron Deiner Herrlichkeit zu treten
und Dein gnädiges Urteil
über unser Leben zu hören.
Dir allein gebührt
der Ruhm und die Ehre und die Anbetung,
dem Vater und dem Sohn und dem Heiligen Geist,
jetzt und immerdar
und von Ewigkeit zu Ewigkeit.*

Amen.

Gottes Herrlichkeit sehen

Und Mose sprach: Laß mich deine Herrlichkeit sehen! Und er sprach: Ich will vor deinem Angesicht all meine Güte vorübergehen lassen und will vor dir kundtun den Namen des Herrn: Wem ich gnädig bin, dem bin ich gnädig, und wessen ich mich erbarme, dessen erbarme ich mich. Und er sprach weiter: Mein Angesicht kannst du nicht sehen; denn kein Mensch wird leben, der mich sieht. Und der Herr sprach weiter: Siehe, es ist ein Raum bei mir, da sollst du auf dem Fels stehen. Wenn dann meine Herrlichkeit vorübergeht, will ich dich in die Felskluft stellen und meine Hand über dir halten, bis ich vorübergegangen bin. Dann will ich meine Hand von dir tun, und du darfst hinter mir her sehen; aber mein Angesicht kann man nicht sehen.

2. Mose 33,18-23

I.

In der kommenden Woche werden die Menschen in unserer Stadt, teils im Kino, teils im Fernsehen, etwa 100 Filme ansehen können. Mordfälle. Liebesgeschichten. Abenteuer im Wilden Westen oder im Weltraum. Horrorszenen. Pornobilder.
Aber »Mose sprach: Laß mich Deine Herrlichkeit sehen«.
In der kommenden Woche wird an den 13 Fachbereichen unserer Universität die Forschungsarbeit weitergehen. Eine Handschrift entziffern. Ein Kunstwerk interpretieren. Eine Diagnose stellen. Atomare Strukturen, genetische Codes entschlüsseln.
Aber »Mose sprach: Laß mich Deine Herrlichkeit sehen«.
In der kommenden Woche werden Menschen einen Fremden, der an der Tür geklingelt hat, mißtrauisch beäugen. Männer und Frauen, die sich nicht kennen, werden sich erwartungsvoll mustern. Einige werden alte Fotografien anschauen. Andere werden Zukunftsträume entwerfen.
Aber »Mose sprach: Laß mich Deine Herrlichkeit sehen«.
Was suchen die Menschen mit ihren Blicken? Sie wollen heil durchs Leben kommen. Sie brauchen Objekte für ihre Leidenschaften und Triebe. Sie wollen abgelenkt werden von ihren Alltagssorgen. Sie wollen Neues entdecken und Altes besser verstehen. Was suchen sie ihr ganzes Leben lang, mit den hellen, neugierigen Augen des Kindes, mit den matten, erkalteten Augen des Alters?
»Laß mich Deine Herrlichkeit sehen«.

II.

Auf dem Weg ins gelobte Land hat Mose schon viel erreicht. Er hat sein Volk aus der ägyptischen Sklaverei befreit. Er hat die guten Weisungen seines Gottes erhalten. Er hat auch den ersten Rückfall Israels in heidnische Bräuche, die Anbetung des goldenen Stierbildes, glimpflich überstanden. Er hat die Gnade Gottes erfahren. Er hat den Namen Gottes gehört. Und nun will er noch mehr. Er will nicht nur Gebote halten und Verheißungen hören. Nun will er das, was die Menschen mit ihren unruhigen, angsterfüllten und sehnsuchtsvollen Blicken überall suchen. Er will Gottes Herrlichkeit, Gottes Heiligkeit, Gottes Glanz und Gottes Schönheit sehen.

Anscheinend ist das möglich. »Und er sprach: Ich will vor Deinem Angesicht all meine Pracht vorübergehen lassen«. Die Wirklichkeit Gottes ist nach Meinung der Bibel nicht nur Glaubensgegenstand. Sie wird nicht nur in alten Texten überliefert und in modernen Worten behauptet. Die Wirklichkeit Gottes wird den Menschen auch nicht nur durch Gedanken oder eventuell durch Gefühle vermittelt. Die Wirklichkeit Gottes kann Menschen sinnlich erfahrbar werden. In unserem sehr vielschichtigen Text geht es um die Voraussetzungen und Bedingungen und Einschränkungen, unter denen der Wunsch des Mose, die Sehnsucht der Menschen erfüllt werden können.

»Wem ich gnädig bin, dem bin ich gnädig; und wessen ich mich erbarme, dessen erbarme ich mich«. Die Wahrnehmung Gottes ist nicht das Ergebnis einer Methode. Gottes Herrlichkeit kann man nicht einschalten wie ein Fernsehprogramm. Wer Gott wirklich sehen will, der wird sich jahrelang darauf einstellen müssen. Und doch wird der Augenblick der Erfüllung nicht die Folge seiner Bemühungen sein. Wenn ein Mensch durch alle irdische Wirklichkeit hindurch ein Stück der Herrlichkeit Gottes sehen darf, dann hat ihn die Gnade Gottes ergriffen. Ein solcher gewaltiger Augen-Blick erfaßt einen Menschen, wenn überhaupt, dann nur ein- oder zweimal in seinem Leben.

»Und er sprach weiter: Mein Angesicht kannst Du nicht sehen; denn kein Mensch wird leben, der mich sieht«. Gottes Herrlichkeit ist kein Gegenstand, den man mit irgendeiner Methode erfassen kann. Gott ist aber auch nicht einfach eine Person, der man wie einem Gegenüber beggnen kann. Gottes Angesicht ist heilig. Diesen Anblick überleben wir nicht. Weil es zu schrecklich ist? Weil es zu schön ist? Weil uns seine Strahlkraft vernichtet? Daß Gottes Wirklichkeit hinter den irdischen Realitäten in der Regel verborgen bleibt, ist die gnadenvolle Voraussetzung dafür, daß wir leben.

»Und der Herr sprach weiter: Siehe, es ist ein Raum bei mir, da sollst Du auf dem Felsen stehen. Wenn dann meine Herrlichkeit vorübergeht, will ich Dich in die Felskluft stellen und meine Hand über Dir halten, bis ich vorübergegangen bin«. Reden kann man von Gott überall. Aber sichtbar wird er nur an besonderen Orten. Es sind meistens Plätze, an denen die Härte

des Lebens unübersehbar zutage tritt. In der Wüste. An einer Wasserfurt. Im Gebirge. Oder am Kreuz. Wer zu einem solchen Ort geführt wird, wer sich dort niederläßt und wen dort ein Schutzmantel umhüllt, der wird die Begegnung mit Gott überleben.
»Wem ich gnädig bin, dem bin ich gnädig; und wessen ich mich erbarme, dessen erbarme ich mich, spricht der Herr«.
Gott kommt. Gott ist nahe. Gott geht vorüber.
»Der Wind weht, wo er will; und du hörst sein Sausen wohl. Aber du weißt nicht, woher er kommt und wohin er geht« (Johannes 2,8).
»Dann will ich meine Hand von Dir tun, und Du darfst hinter mir her sehen; aber mein Angesicht kann man nicht sehen«.

III.

Der große amerikanische Maler Edward Hopper hat 1960 ein Ölgemälde ausgestellt: »People in the sun«. Fünf Personen sitzen in Liegestühlen auf einer Veranda. Die Sonne wirft ein kaltes, fahles, glasiges Licht. Einer blättert in einem Buch. Die anderen starren unbeweglich ins Leere. Über die Felder hinweg. An den Bergen vorbei. Durch die Wolken hindurch. Sie haben die Augen geöffnet und sehen doch nichts. Sie scheinen auf etwas zu warten, aber haben jede Hoffnung verloren.
Was bleibt, wenn die Filme langweilig werden und die Forschungsinteressen erlahmen? Was würde aus gottlosen Menschen, wenn sie die Herrlichkeit Gottes schauen dürften?
Die Bibel ist bei der Beschreibung der Erscheinungen Gottes mehr als zurückhaltend. Was Menschen in diesem Augenblick wahrnehmen, läßt sich kaum wiedergeben. Und die, denen diese Gnade gewährt worden ist, haben wohl auch gewußt, daß man darüber nicht reden darf.
Die Herrlichkeit Gottes, das ist, wenn man alle Einzelaussagen zusammenfaßt, mehr als alles leuchtende Licht, mehr als alle strahlende Wärme, mehr als alle Kompaktenergie.
Wer die Herrlichkeit Gottes auch nur von hinten her gesehen hat, dessen Aussehen wird selber verändert. Im nächsten Kapitel des 2. Buches Mose heißt es: »Als nun Mose vom Berge Sinai herabstieg, hatte er die zwei Tafeln des Gesetzes in seiner Hand und wußte nicht, daß die Haut seines Angesichts glänzte, weil er mit Gott geredet hatte« (34,29). Gottes Heiligkeit spiegelt sich in der Aura der Erwählten.
Die Fernsehaugen werden matt. Die Forscheraugen verlieren an Schärfe. In den Augen der Liebenden erlöscht endlich der Glanz.
Gottes Licht erleuchtet ratlose und suchende Menschen.
Gottes Wärme verwandelt versteinerte Herzen.
Gottes Kraft schenkt Gnaden- und Hoffnungslosen Lebendigkeit.

2. Mose 33,18-23

Herr, ewiger und allmächtiger Gott.
Wir danken Dir für die wunderbaren Werke,
die Deine Hand geschaffen hat,
die unsere Augen betrachten dürfen.
Wir danken für die Erfahrungen des Glücks,
das Du uns schenkst.
Wir danken für das Licht Deines Wortes,
das unser Leben hell macht und mit Sinn erfüllt.

Dich, den Herrn über Leben und Tod,
der in einem wunderbaren Licht existiert,
bitten wir für alle,
die in der Dunkelheit und im Schatten des Todes leben:
für Hungernde und Unterdrückte,
für Arme und Arbeitslose,
für Landfahrer und Stadtstreicher,
für Alte, Kranke und Sterbende,
für Blinde und Verblendete,
für Irrende und Verwirrte und Wahnsinnige:
laß Dein Licht in ihr dunkles Leben fallen.

Dich, den Herrn über Leben und Tod,
der in einem wunderbaren Licht existiert,
bitten wir für alle,
die Grausames und Schreckliches ansehen müssen:
für einsame Kinder vor dem Fernsehgerät,
für Gefangene in der Folterkammer,
für Mütter in den Hungergebieten.
Kriegsbilder, Unfallbilder, Elendsbilder,
Szenen der Gewalt und des Unrechts
vergiften die Seelen.
Das alles gehört zur Wirklichkeit des Lebens.
Aber Du allein kannst das alles ertragen.
Befreie uns von der Macht der bösen Bilder.
Führe uns zur Erkenntnis Deiner Herrlichkeit.

Dich, den Herrn über Leben und Tod,
der in einem wunderbaren Licht existiert,
bitten wir
um Segen für unsere Arbeit,
um Ruhe für unsere Freizeit,
um Glück für unsere Familie,
um Frieden für unser Land,

um Brot für alle Menschen,
um Freiheit und Recht für die Völker der Erde.

Alle Augen warten auf Dich, Herr.
Alles, was atmet, lobt Deinen Namen.
Alles, was geschieht, führt uns zu Dir,
in Dein herrliches Reich,
in Dein ewiges Leben.
Dir, dem wahren und einzigen Gott,
dem Vater und dem Sohn und dem Heiligen Geist,
sei Lob und Ehre, Preis und Anbetung,
jetzt und immerdar
und von Ewigkeit zu Ewigkeit.

Amen.

Arbeit für ein ganzes Leben

Also, meine Lieben, wie ihr immer gehorsam gewesen seid, so seid es nicht nur in meiner Gegenwart, sondern noch viel mehr jetzt in meiner Abwesenheit, und müht euch um euer Heil mit Furcht und Zittern. Denn Gott ist's, der in euch das Wollen wie das Vollbringen wirkt zu seinem Wohlgefallen.

Philipper 2,12-13

I.

Seine Macht hat er nicht konserviert. Auf die Herrlichkeit an der Seite des Vaters hat er verzichtet. Er hat die Erbärmlichkeit eines Menschendaseins auf sich genommen. Er ist einen Weg gegangen, den keiner freiwillig geht: den Weg in die Abhängigkeit, in das Elend, in das Sterben, den Weg ans Kreuz.
Deswegen hat Gott ihn über alle Maßen erhöht und seinen Namen über alle Namen gesetzt. Vor ihm müssen alle Mächte der Welt kapitulieren: die Religionen der Völker, der Kaiser in Rom, die Dämonen des Bösen. Alle Naturgesetze im Universum, alle Sprachen auf der Erde müssen bekunden: Jesus Christus ist Herr, zur Ehre Gottes des Vaters.
Das urchristliche Lied, das Paulus kurz vor unseren beiden Versen zitiert, enthält unsere Geschichte. Das ist unser Lebenslauf. Das ist die Arbeit unseres Lebens. Aus der Herrlichkeit in die Tiefe. Aus der Tiefe zurück in die Herrlichkeit.

II.

Paulus sieht darin kein Idealbild von einem christlichen Leben. Er formuliert erst recht kein Gesetz, dem wir uns zu unterwerfen hätten. Er stellt uns vielmehr in eine Wirklichkeit, die alle Selbstverständlichkeiten unseres Alltagslebens weit übertrifft und die den Ablauf unserer Tage gründlich verändert.
Unser Leben hat nicht begonnen, als die Gesellschaft uns auf dem Standesamt zu den Akten genommen hat. Es hat auch nicht begonnen mit unserem ersten Schrei oder mit dem Trauma unserer Geburt oder mit dem Akt unserer Zeugung. Unser Leben hat begonnen in Gottes Herrlichkeit, in jenem ewigen Ratschluß, in dem er uns erwählt und unser Dasein gewollt hat.

So wird auch unser Leben nicht zu Ende sein mit unserem letzten Atemzug, mit dem Totenschein, mit dem Erdwurf bei unserer Bestattung. Weil wir zu Jesus Christus gehören, sind wir bestimmt für die Ewigkeit, eingebunden in jenen heilvollen Raum, der durch diesen einen Namen beherrscht wird.
Das ist unser Lebenslauf. Das ist die Arbeit für unser Leben. Aus der Herrlichkeit in die Tiefe. Aus der Tiefe zurück in die Herrlichkeit.

III.

Worin besteht die Arbeit, die hier auf uns wartet? »Mit Furcht und Zittern schaffet euer Heil«. Das ist eine in jeder Hinsicht unheimliche Aussage.
Natürlich wollen und sollen Menschen etwas schaffen in ihrem Leben. Das Studium schaffen. Das Examen schaffen. Einen Arbeitsplatz finden. Eine Beziehung gestalten. Eine Karriere durchlaufen. Den Aufstieg schaffen. Das Leben insgesamt schaffen.
Paulus stellt demgegenüber nüchtern fest: Das ist nicht der angemessene Horizont. Darin besteht nicht der Sinn eures Daseins. Das Ziel eures Lebenslaufes sieht anders aus.
Am Ende steht nicht die materielle Sicherheit oder die Gesundheit oder das Glück einer gelungenen Beziehung. Am Ende steht SOTERIA, Heil, Rettung, Leben in der anderen Welt Gottes.
Er, der Erlöser, ist den einen, den einzigen Weg gegangen, der aus der irdischen Abhängigkeit in die Freiheit führt. Da hat sich nicht viel geändert. Gewiß, zur Zeit des Apostels bestand Sklaverei darin, daß man im Unterschied zu anderen arbeiten mußte. Heute werden Menschen dadurch in Abhängigkeit gehalten, daß man ihnen Arbeitsmöglichkeiten, Chancen der Lebensgestaltung verweigert. Aber die Grundmuster der Knechtschaft sind dieselben geblieben. Todesangst und Lebensgier. Habsucht und Blutrausch. Das Diktat einer angeblich eindeutigen Realität. Die Zwänge der Ökonomie. Das alles fesselt die Menschen. In dieser Welt arbeiten und nicht einfach funktionieren heißt: sich frei machen für das Ziel SOTERIA.

IV.

»Mit Furcht und Zittern schaffet euer Heil.« Rätselhaft ist dieses Ziel für jeden modernen Menschen. Anstößig wirkt es auf jede protestantische Seele. Weil Jesus Christus Mensch geworden und am Kreuz gestorben und am dritten Tage auferstanden ist, können und brauchen wir für unsere Seligkeit doch nichts mehr zu tun. Wie kommt Paulus dazu, an dieser Stelle, wie ein Ausleger sagt, »pharisäische Begrifflichkeit« zu verwenden? Sollen wir das Heil unseres Lebens selber verdienen?

Für den Apostel muß offensichtlich beides zusammenpassen. Da ist der große Lebenslauf des Erlösers: aus der Höhe der göttlichen Ewigkeit in die tiefste Tiefe menschlicher Erbärmlichkeit und wieder zurück durch alle Lebensmächte hindurch in die Herrlichkeit Gottes. Durch Taufe und Glaube gewinnen Menschen mit ihrem kleinen Leben Anteil an dieser gewaltigen Biographie, an dieser wirklich unendlichen Geschichte. Aber weil sie auf ihrem Weg durch das Leben das Ziel noch nicht erreicht haben, weil sie noch tief in das Elend der Welt verstrickt sind, können sie immer noch von den Lebensmächten überwältigt und gefesselt und besessen werden.

In unserem kleinen Leben können das manchmal ganz einfache Dinge sein, die uns vom Heil Gottes und seiner Lebensgewißheit wegreißen wollen. Das können Sorgen sein um Beruf und Familie und die Gesundheit. Oder Ängste, die uns überschwemmen und handlungsunfähig machen. Schuldgefühle können unser Leben vergiften. Idealbilder können uns hemmen. Süchte können unsere Seele zerstören. Gesetze der Realität können uns daran verzweifeln lassen, daß es Gott und seine gnadenvolle Herrschaft über Natur und Geschichte wirklich gibt.

An der eigenen Seligkeit arbeiten, am gewaltigen Lebenslauf Jesu Christi dranbleiben, das heißt: sich nicht einfangen lassen von den verführerischen und drohenden Mächten des Lebens. Auf keinen Fall: das von Gott geschenkte Leben verachten. Sogar: dieses Leben genießen. Aber: durch das Leben hindurchgehen, von den Augenblicken des Leids und von den unendlich schönen Höhepunkten des Glücks sich nicht aufhalten lassen. So folgen wir dem unaufhaltsamen Aufstieg des Jesus Christus.

V.

Das scheint eine souveräne Haltung zu sein, die Paulus den Christen und Christinnen empfiehlt. Im Kern gibt es freilich eine große Gebrochenheit: »Mit Furcht und Zittern schaffet euer Heil.«

Ein Junge hat keine Angst – das war eine Parole, die man heute nicht mehr oft hört. Dafür hat sich eine andere Norm ausgebreitet. Ein Christ kennt keine Angst, jedenfalls nicht vor Gott und wenn es um sein eigenes Heil geht.

Paulus greift auf eine biblische Formel zurück. Wer in die Nähe Gottes gerät, den ergreift »Furcht und Zittern«. In ihrer Angst ahnen Junge und Mädchen, daß ihnen auf ihrem Lebensweg viel Schlimmes passieren kann. Und Menschen spüren in manchen Augenblicken genau, daß auch die Nähe Gottes eine gefährliche Bedrohung darstellt.

»Furcht und Zittern« sind Signale an Körper und Seele, die Unruhe artikulieren. Unheimliches tut sich auf. Eine Gefahr lauert. Ein Unheil droht. Wenn wir zu zittern beginnen, verlieren wir unsere Fassung. Das Leben steht auf der Kippe. Keine falsche Bewegung. Kein falsches Wort. »Jesus Christus ist Herr« – das ist die Parole. »Furcht und Zittern« gehören unvermeidlich dazu, wenn man von Gott ergriffen wird und aus der Gefangenschaft in das Reich der Freiheit aufbricht.

VI.

Auch Furcht und Zittern können zu Mächten werden, die unseren Lebenslauf hemmen. Angst macht nicht nur vorsichtig, sie kann auch lähmen. Menschen verlieren unter der Herrschaft von Angst alles Vertrauen, zu sich selbst, zum Leben, auch zu Gott. Weil er das auf keinen Fall will, fügt Paulus hinzu: »Gott ist es, der in uns schafft das Wollen wie das Vollbringen zu seinem Wohlgefallen«.
Letztlich gilt auch für den kleinen Lebenslauf, auf dem wir uns befinden, was die unendliche Geschichte des Erlösers charakterisiert: Er kommt aus der Herrlichkeit Gottes. Er lebt in der Sterblichkeit der Menschen. Er kehrt zurück in die Ewigkeit.
Wir wollen leben. Gott will es in uns.
Wir tun, was wir können. Gott tut es durch uns.
Wir gehen durch das Leben. Gott geht mit uns.

Herr, ewiger und allmächtiger Gott.
Vater unseres Lebens.
Bruder unseres Leidens und Sterbens.
Schöpfer unseres Glaubens, unserer Liebe, unserer Hoffnung.
Wir danken Dir,
daß Du uns dazu berufen hast,
Dein Leben zu teilen,
Deine Geschichte zu erzählen,
Deine Arbeit zu tun.

Weil Du ein tatkräftiger Gott bist,
ein freier Herr, voller Erbarmen,
bitten wir Dich für alle Menschen,
die in Abhängigkeit und Knechtschaft leben:
für alle, deren Lebensrecht bestritten wird,
für Kinder, deren Lebensfreude zerstört wird,
für Frauen, deren Lebenschancen eingeschränkt werden,
für Arbeitslose, deren Lebenskraft vergeudet wird,
für Hungernde, deren Lebensmittel vernichtet werden,
für Kriegsopfer, deren Leben sinnlos verblutet.

Philipper 2,12-13

Dein Reich, Herr, ist voller Heil und Leben.
Sende Rettung in diese Welt.

Weil Du ein tatkräftiger Gott bist,
ein freier Herr, voller Erbarmen,
bitten wir Dich für alle Menschen,
daß ihre Arbeit zum Wohl aller gelingt:
für Studium, Forschung und Lehre,
für Tätigkeiten in Haus und Beruf,
für Erziehung und Heilung,
für Wirtschaft und Politik, Verwaltung und Recht,
für Predigt, Seelsorge, Unterricht,
für Dienstleistung in allen Bereichen.
Laß Menschen ihre Macht nicht mißbrauchen.
Laß Menschen ihre Seele nicht verkaufen.
Laß Menschen ihr Heil nicht verfehlen.
Dein Reich, Herr, ist voller Wahrheit und Leben.
Sende Rettung in diese Welt.
Gib Arbeit und Freiheit und Brot.

Weil Du ein tatkräftiger Gott bist,
ein freier Herr, voller Erbarmen,
bitten wir Dich für uns alle:
daß wir uns auf unserem Lebensweg nicht verirren,
daß wir vor unserer Erwählung nicht fliehen
und an Deiner Gnade nicht verzweifeln.
Dein Wort hat uns berufen.
Dein Geist erfüllt uns.
Dein Mahl will uns stärken für den Weg
in Dein ewiges Reich.

Dir, dem ewigen und allmächtigen Gott,
dem Vater und dem Sohn und dem Heiligen Geist,
sei Ehre, Preis und Anbetung.

Amen

Geheimschrift

Aber die Schriftgelehrten und Pharisäer brachten eine Frau zu ihm, die beim Ehebruch ergriffen worden war, stellten sie in die Mitte und sagten zu ihm: Meister, diese Frau ist auf frischer Tat beim Ehebruch ergriffen worden. Mose hat uns im Gesetz geboten, solche Frauen zu steinigen. Was sagst du dazu? Das sagten sie aber, um ihm eine Falle zu stellen, damit sie einen Grund zur Anklage gegen ihn hätten. Aber Jesus bückte sich und schrieb mit dem Finger auf die Erde. Als sie nun nicht aufhörten, ihn zu fragen, richtete er sich auf und sagte zu ihnen: Wer unter euch ohne Sünde ist, der werfe den ersten Stein auf sie. Dann bückte er sich wieder und schrieb auf die Erde. Als sie das hörten, gingen sie weg, einer nach dem andern, die Ältesten zuerst; und Jesus blieb allein mit der Frau, die immer noch in der Mitte stand. Jesus aber richtete sich auf und fragte die Frau: Wo sind sie geblieben? Hat dich niemand verdammt? Sie antwortete: Niemand, Herr. Da sagte Jesus: Dann verdamme ich dich auch nicht; geh hin und sündige nicht mehr.

Johannes 8, 3-11

I.

Eine Szene, wie sie im Buche steht. Da gibt es aufgeregte Personen mit ihren Leidenschaften. Da gibt es handfeste Konflikte auf Leben und Tod. Und da gibt es eine stille, zurückhaltende Gestalt, die eine friedliche Lösung herbeizuführen versteht. Die Schuldige wird ermahnt. Eine Hinrichtung wird verhindert. Die Selbstgerechten werden zum Schweigen gebracht. Wo ist das Problem?

Bis heute ist umstritten, ob diese Szene wirklich in das Buch der Bücher gehört. In wichtigen alten Handschriften des Johannesevangeliums fehlt dieser Text. Die griechischen Kirchenväter bis ins 11. Jahrhundert kennen ihn nicht. Und auch heute zweifeln manche Ausleger daran, daß er überhaupt echtes Material aus der Überlieferung von Jesus enthält. In dieser Szene, die so befriedigend endet, muß etwas versteckt sein, das irritierend wirkt, das Abwehr auslöst. Wo ist das Problem?

In der Mitte steht eine Frau. Sie tut nichts. Sie sagt nichts. Sie bewegt sich nicht mehr. Männer haben sie hergeschleppt. Ein Mann schickt sie am Ende der Szene nach Hause. Ihre unerhörte Passivität hängt mit einem banalen Vorfall zusammen. Man hat sie in flagranti beim Ehebruch erwischt. Und nun ist aus dem Objekt männlicher Begierde ein Objekt männlicher Ag-

Johannes 8,3-11

gressivität geworden. Wessen Lebenslust die sozialen Schranken verletzt, dessen Leben muß mit der Härte todbringender Steine ausgelöscht werden. Das verlangt das Gesetz.
Deshalb werden die frommen Männer aktiv. Sie schleppen die Frau herbei, voller Entrüstung über ihre Tat, voller Entschlossenheit wohl auch zur Exekution. Aber wie den meisten religiösen Führern geht es ihnen nicht unbedingt um Moral. Sie wollen den Fall dieser Frau als Falle gegen den neuen Lehrer benutzen. Wenn schon nicht zur Liebe, so doch wenigstens zum Mitleid mit dieser Frau wollen sie ihn verführen. Daß Menschen schuldig werden und verräterische Gefühle zeigen, das ist den Würdenträgern mit ihren Machtspielen manchmal nicht unwillkommen.
Die Frau steht und bleibt stehen. Die frommen Männer kommen und werden dann gehen. Jesus selbst sitzt. Manchmal bückt er sich zur Erde, manchmal blickt er auf. Kein aufgeregter Protest. Kein flammender Appell für die Menschenrechte, für die Emanzipation dieser Frau. Nur ein paar kurze, wenn auch sehr wirksame Sätze. Ein Vorschlag zur Durchführung der Exekution: »Wer unter euch ohne Sünde ist, der werfe den ersten Stein auf sie.« Zwei scheinbar überflüssige Fragen: »Wo sind sie geblieben?« – »Hat dich niemand verdammt?« Eine persönliche Erklärung und ein Befehl: »Dann verdamme ich dich auch nicht; geh hin und sündige nicht mehr.«

II.

Wo ist das Problem? Was für ein Konflikt wird in dieser Szene gespielt?
Der uralte Gegensatz zwischen den beiden Geschlechtern? Hier ist eine Frau in der Tat zwischen die verschiedenen Männer-Interessen geraten. Die einen wollen lieben, die anderen wollen strafen. Und dann benutzen sie die Frau auch noch, um ihre unterschiedlichen Ideologien auszutragen.
Oder sehen wir in dieser Szene, wie zwei Etappen in der Geschichte des moralischen Bewußtseins einander ablösen? Da ist die alte, die normative und gesetzliche Haltung, die auf geschriebenes Recht pocht und harte Bestrafung verlangt. Und da ist die neue Entdeckung, daß es vor dem Gesetz nicht einfach auf das äußere Verhalten, sondern auf die innere Gesinnung ankommt.
In einer Zeit, in der Menschen die moralischen und die staatlichen und natürlich auch die religiösen Gesetze kaum noch ernst nehmen, ist es wohl schwer, die Radikalität der Gegner in dieser Szene nachzuvollziehen. Die einen wollen das Gesetz Gottes anwenden, uneingeschränkt, ja gnadenlos. Der andere stellt, ebenso uneingeschränkt, ebenso gnadenlos die Frage: Wer kann das denn wagen? Wer kann einen anderen Menschen schuldig sprechen, wenn er nicht selber schuldlos ist? »Niemand«, sagt die schuldige Frau. Vielleicht ist diese Szene auch deshalb auf so viele Vorbehalte gestoßen, weil

sie die Ordnung menschlichen Zusammenlebens letztlich aufhebt. Schuld verlangt Strafe – das ist das Gesetz in der Welt. Aber wenn nur der strafen darf, der selbst ohne Schuld ist, dann bricht die Gesellschaft zusammen. Hat dieser Mann im Tempel von Jerusalem die Anarchie proklamiert?

III.

»Jesus bückte sich und schrieb mit dem Finger auf die Erde. Als sie nun nicht aufhörten, ihn zu fragen, richtete er sich auf und sagte zu ihnen: Wer unter auch ohne Sünde ist, der werfe den ersten Stein auf sie. Dann bückte er sich wieder und schrieb auf die Erde.« Jesus ist mit anderen Dingen beschäftigt. Was auch immer sein merkwürdiges Verhalten bedeuten mag. Es ist offenkundig, daß er sich in die Auseinandersetzung der anderen nicht hineinziehen lassen will. Die Lehre, die er im Tempel vertritt, gilt nicht dem Verhältnis zwischen Männern und Frauen, nicht der Entwicklung einer neuen Moral, wohl auch nicht der Aufhebung aller staatlichen und religiösen Ordnung. Er mischt sich in die Schwierigkeiten und Streitigkeiten der anderen nur indirekt ein. Er verzichtet sogar auf ein eigenständiges Urteil: »Hat dich niemand verdammt? – Dann verdamme ich dich auch nicht.« Jesus wirkt eigentümlich weltfremd. Jesus schreibt in den Sand. Was soll das?
Das Gesetz des Mose war auf steinerne Tafeln geschrieben und sollte in schweren Fällen durch Steinigung angewendet werden. Schreibt Jesus ein neues Gesetz in die Erde?
Als Syrakus 200 Jahre zuvor von Feinden belagert wurde, hat der berühmte Archimedes Figuren in den Sand gezeichnet, um den Ausgang der Schlacht vorauszusagen oder, wie manche meinen, sogar zu beeinflussen. Liefert Jesus hier ein Beispiel für Geomantie, für esoterische Techniken auf und mit der Erde?
Jesus ist so geistesabwesend, daß er die Wirkung seiner Worte gar nicht bemerkt. Die Frau muß er fragen, wo die Pharisäer und Schriftgelehrten mit ihrer Drohung geblieben sind. Aber wo ist er selber in der Zwischenzeit gewesen, so daß er das Verschwinden der Männer gar nicht wahrgenommen hat?
Das Buch der Bücher hat eine empfindliche Lücke. Ein einziges Mal hat Jesus etwas niedergeschrieben. Und ausgerechnet diese Zeichen, diese Wörter hat niemand gesehen und hat niemand überliefert. Wie kann man die verborgene Botschaft dieses Mannes nach 2000 Jahren rekonstruieren?
Vielleicht gelingt das ja mit historischen, mit archäologischen Mitteln. Da waren doch Sandkörner, Erdklumpen, Grashalme, die sein Finger berührt hat. Man braucht nur die Einzelteilchen zu sammeln und in jene Struktur zurückzufügen, die er damals geformt hat. Ein Puzzlespiel gewiß, eine Geduldsaufgabe, ein Lebenswerk. Aber natürlich: Der Wind hat die irdischen Spuren verweht.

Johannes 8,3-11

Vielleicht kommt man mit psychologischen Mitteln, mit Methoden der Einfühlung weiter. Wie muß einem zumute gewesen sein, der gegen seinen Willen zwischen alle Fronten geraten war? Der in den Konflikten zwischen Männern und Frauen, zwischen Sexualität und Aggressivität, zwischen Ordnung und Freiheit durch Kontakt mit der Mutter Erde mühsam seine Fassung zu bewahren versucht hat? Aber natürlich: Dieser weltfremde Mann ist längst von der Erde verschluckt oder, genauer gesagt: von der Erde verschwunden.

Vielleicht liegt darin die tiefste Kränkung, die dieser Text für die kirchliche Theologie enthält. Das einzige, das Jesus selber geschrieben hat, steht nicht in der Heiligen Schrift. Es ist verwischt, zertreten, ausgelöscht und also für immer verloren. Keine wissenschaftliche Theologie, keine kirchliche Organisation kann es rekonstruieren.

In der rätselvollen Sprache des Johannesevangeliums gibt es nur einen Weg, um das zu entdecken, was der Wind verweht und die Erde verschluckt hat: »Ich habe euch noch viel zu sagen«, heißt es in den Abschiedsreden Jesu (16, 12): »Ich habe euch noch viel zu sagen; aber ihr könnt es jetzt nicht ertragen. Wenn aber jener, der Geist der Wahrheit, kommen wird, wird er euch in alle Wahrheit führen.« Und an einer anderen Stelle, am Anfang: »Der Wind weht, wo er will, und du hörst sein Sausen wohl; aber du weißt nicht, woher er kommt und wohin er geht. So ist es bei jedem, der aus dem Geist geboren ist« (3, 8).

> *Herr, ewiger und allmächtiger Gott.*
> *Fremd ist Dein Sohn in diese Welt gekommen*
> *und hat sie verändert.*
> *Fremd wirkt Dein Wort in unseren Herzen*
> *und schenkt uns Kraft.*
> *Fremd macht Dein Geist uns gegenüber dem Leben*
> *und macht uns frei.*
> *Wir danken Dir,*
> *daß Du uns herausrufst*
> *aus den Irrtümern dieser Zeit,*
> *aus den Irrwegen unseres Lebens.*
>
> *Du Herr, hast Deinen Sohn gegeben,*
> *daß Menschen gerettet werden.*
> *So bitten wir Dich für alle,*
> *die in Bosheit und Verblendung leben,*
> *daß Dein Licht sie erfaßt*
> *und Deine Macht sie verändert.*
> *Reiße Habgier und Herrschsucht aus allen Herzen,*

*verbrenne die Lust am Morden, am Foltern,
am Vergewaltigen.
Reiße allen Haß aus der Seele,
beende die Verachtung der Schwachen,
die Verfolgung der Fremden,
die Ausbeutung der Armen.
Zeige Deine Macht, Herr,
gegen alle Mächte des Bösen.*

*Du, Herr, hast Deinen Geist verheißen,
daß Menschen erleuchtet werden.
So bitten wir Dich für alle,
die ratlos sind, die nicht weiter wissen,
die in Zweifel und Anfechtung leben,
deren Gefühle erkaltet,
deren Geist verwirrt ist.
Wir bitten Dich für alle Experten
in Wirtschaft und Wissenschaft und Politik,
daß sie die Folgen ihres Tuns bedenken.
Wir bitten Dich für alle,
die in ihren Gefühlen verstrickt sind,
die in unklaren Beziehungen,
in zerstrittenen Familien,
unter verfeindeten Volksgruppen leben.
Zeige Deine Macht, Herr,
gegen alle Verwirrtheit.*

*Du, Herr, hast Dein Reich verheißen,
daß wir in der Welt des Todes Hoffnung behalten.
So bitten wir Dich für alle,
die an der Grenze leben:
für Kranke und Sterbende,
für Hungernde und Gefolterte,
für die vom Krieg Bedrohten,
für die von Schmerz Gequälten.
Gib Hilfe für ein gutes Leben.
Schick Beistand für ein gefaßtes Sterben.
Sei uns allen
gnädig in Deinem Gericht.*

*So werden wir,
am Ende unserer Tage,
jenseits dieser Welt,*

das vollenden,
was schon jetzt der Sinn allen Lebens ist.
Dir, dem ewigen und allmächtigen Gott,
dem Vater und dem Sohn und dem Heiligen Geist,
sei Lob und Ehre und Preis
durch alle Geschöpfe,
an allen Orten,
zu aller Zeit
und von Ewigkeit zu Ewigkeit.

Amen.

Verborgenheit

Dafür halte uns jedermann: für Diener Christi und Haushalter über Gottes Geheimnisse. Nun fordert man von den Haushaltern, daß sie sich als treu erweisen. Mir aber macht es nicht das Geringste aus, wenn ich von euch gerichtet werde oder von einem menschlichen Gericht; auch richte ich mich selbst nicht. Ich bin mir zwar keiner Schuld bewußt, aber darin bin ich nicht gerechtfertigt; sondern der Herr ist's, der mich richtet. Darum richtet nicht vor der Zeit, ehe der Herr kommt. Er wird ans Licht bringen, was im Finstern verborgen ist, und wird das Trachten der Herzen offenbar machen. Dann wird ein jeder von Gott sein Lob empfangen.

1. Korinther 4,1-5

I.

Oh, diese unerträgliche Leichtigkeit des Seins!
»Der Leib unseres Herrn Jesus Christus. – Das Blut unseres Herrn Jesus Christus«.
Wer weiß schon, wer ich bin? Meine Eltern wissen es nicht. Meine Kollegen und Freunde wissen es nicht. Meine Partnerin weiß es nicht. Meine Kinder wissen es nicht. Weiß ich denn, wer ich bin?
»Dafür halte uns jedermann: für Diener Christi und Haushalter über Gottes Geheimnisse«.
Die unerträgliche Last des Lebens ist abgeworfen. Die Zeit des Fragens und Suchens, sie ist vorbei. Alle Ansprüche auf meine Person haben ihr Recht verloren.
Zur Welt kommen, geboren werden, bedeutet: Diener und Dienerin werden, untertan sein. Ein gehorsames Kind. Ein guter Schüler. Eine gute Studentin. Ein braver Bürger. Ein starker Mann. Eine schöne Frau. Erfolgreich im Studium sein. Einen anständigen Beruf finden. Ein harmonisches Familienleben führen. Ein frommer Christenmensch werden.
Das alles ist für Paulus vorbei. Vehement wehrt er sich gegen die Idealbilder, an denen die Gemeinde in Korinth seine Arbeit und seine Person zu messen versucht. Wir sind zur Welt gekommen. Aber wir sind den Maßstäben der Welt entzogen. Eine einzige Wirklichkeit zählt. Eine einzige Zugehörigkeit bestimmt unser Leben und zerreißt alle anderen Abhängigkeiten. Wir sind »Diener und Verwalter« in einem Machtbereich, in dem die sozialen und die moralischen und die religiösen Normen der Welt ihre uneingeschränkte Geltung verloren haben.

II.

Oh, diese unerträgliche Leichtigkeit des Seins!
Ein Leben lang den Geheimnissen auf der Spur. Die unerträgliche Abwesenheit der Mutter und die unergründliche Wiederkehr ihres leuchtenden Angesichts. Die Sensationen der eigenen Körperlichkeit. Die Rätsel der Welt. Die Wahrnehmung der Charakterstrukturen. Entwicklungstendenzen in der Geschichte. Die Evolution und die Naturgesetze des Universums. Unsere Hochschule in all ihren Bereichen ist eine Institution zur systematischen Ausforschung dessen, was man nicht weiß, aber wissen könnte.
Und nun auch dazu die Alternative: Wir sind zur Welt gekommen, um hier viel zu entdecken. Die rätselhaften Codes der Schöpfung wollen entziffert werden. Aber wir werden auch der Welt entzogen, um uns auf die Geheimnisse Gottes einzulassen.
Paulus redet an dieser Stelle erstaunlich nüchtern. Er verwendet die Begrifflichkeit der Verwaltungssprachen. Aber gerade daraus erwächst eine große Schwierigkeit für das christliche Leben. Wir kann man ein Geheimnis treu verwalten? Man kann die Wirklichkeit Christi in eine Mysterienwelt einsperren. Man kann die Macht Christi für die Institution Kirche in Anspruch nehmen. Man kann die Geheimnisse Gottes auf den Begriff bringen und in ein theologisches System zwingen. Theologen wissen dann über alles Bescheid und haben von nichts eine Ahnung.
Wer bin ich, wer werde ich, wenn ich die Geheimnisse Gottes verwalte? Es gibt wahrscheinlich nur eine Haltung, in der das wirklich geschieht. Das ist die Anbetung. Wer Gott lobt, der läßt alle Welt hinter sich. Der will nicht mehr verstehen und nicht mehr erklären, weil er das Fragen und Suchen stärker und stärker vergißt. Je tiefer man in Gottes Geheimnisse eindringt, um so weniger muß man darüber wissen. »Das ist der Leib unseres Herrn Jesus Christus. – Das ist das Blut unseres Herrn Jesus Christus«. Unerträglich leicht wird das Leben, wenn man in Gottes Gegenwart aufgeht und die Welt um sich selber vergißt.

III.

Zur Welt kommen, das heißt: nach sich selber suchen, und das heißt immer auch: die Rätsel des Lebens erforschen. Zur Welt kommen, das heißt aber auch: unter das Urteil anderer Menschen geraten. Von Anfang an, seitdem wir uns erinnern können und längst vorher, sitzen andere über uns zu Gericht. Das ist böse! Du bist böse! Wie schmerzlich war das erste Wort der Kritik, das Vater oder Mutter über unser Leben verhängt haben. Wie tief haben uns schlechte Noten in der Schule oder bei Seminararbeiten getroffen. Wie spannungsgeladen sind jene Lebensetappen, in denen wir durch Prüfungen gehen.

Wie unerträglich kann die Ablehnung durch einen anderen Menschen sein. Zur Welt kommen, das heißt immer auch: dem Urteil anderer ausgesetzt werden, manchmal direkt, manchmal indirekt. Die Zeugnisse und die Orden. Die Personalakten. Die Gerichtsurteile. Der Klatsch und die Gerüchte. Die Anklagen, die von außen kommen. Die Vorwürfe, die man sich selber macht. Auch das darf vorbei sein. Gegen alle Beschuldigungen aus der Gemeinde setzt der Apostel den Satz: »Mir aber macht es nicht das Geringste aus, wenn ich von euch gerichtet werde oder von einem menschlichen Gericht; auch richte ich mich selbst nicht«.

»Nimm hin und iß, das ist der Leib des Herrn Jesus Christus, für dich gegeben, zur Vergebung deiner Sünde. – Nimm hin und trink, das ist das Blut unseres Herrn Jesus Christus, für dich vergossen, zur Vergebung deiner Sünde«. Wer im Machtbereich Christi lebt, der kann von dem Urteil der anderen nicht mehr getroffen werden. Der ist auch und vor allem von den Selbstvorwürfen befreit. Was habe ich aus meinem Leben gemacht? Was mache ich heute aus meinem Leben? Darüber haben nicht andere, darüber habe noch nicht einmal ich selber zu urteilen. »Er wird ans Licht bringen, was im Finstern verborgen ist und wird das Trachten der Herzen offenbar machen. Dann wird ein jeder von Gott sein Lob empfangen«.

Wunderbarerweise steht hier dieses eine Wort: Lob. »Dann wird ein jeder von Gott sein Lob empfangen«. Wir guten und wir schlechten Schüler und Schülerinnen. Wir guten und wir schlechten Menschen. Wir guten und wir schlechten Christinnen und Christen – wir werden gelobt werden.

IV.

Was ist das, die unerträgliche Leichtigkeit des Seins?
Zur Welt kommen, aber weltfremd werden.

Frei werden zum Verrat an den Idealen.
Frei werden zum Verzicht auf die Selbstreflexion.
Frei werden zur Anbetung.

Gott hat uns dieses reiche Leben geschenkt.
Gott wird dieses armselige Leben loben.

Was wird sein nach dem letzten Wort?
Mysterium des Glaubens.

»Ich werde sein, der ich sein werde«.

Amen.

Wasser des Lebens

Da kam er in eine Stadt Samariens, die Sychar heißt, nahe bei dem Feld, das Jakob seinem Sohn Josef gegeben hatte. Es war aber dort Jakobs Brunnen. Weil nun Jesus von der Reise müde war, setzte er sich so, wie er war, am Brunnen nieder; es war um die sechste Stunde. Da kam eine Frau aus Samarien, um Wasser zu schöpfen. Jesus sagte zu ihr: Gib mir zu trinken! Denn seine Jünger waren in die Stadt gegangen, um Essen zu kaufen. Da sagte die samaritanische Frau zu ihm: Wie kannst du mich um etwas zu trinken bitten, obwohl du ein Jude bist und ich eine Samaritanerin? Die Juden haben nämlich keine Gemeinschaft mit den Samaritanern. Jesus antwortete ihr: Hättest du die Gabe Gottes erkannt und wer der ist, der zu dir gesagt hat: Gib mir zu trinken!, dann hättest du ihn gebeten, und er hätte dir lebendiges Wasser gegeben.
Da sagte die Frau zu ihm: Herr, du hast doch nichts, womit du schöpfen könntest, und der Brunnen ist tief; woher hast du denn lebendiges Wasser? Bist du etwa mehr als unser Vater Jakob, der uns diesen Brunnen gegeben hat? Und er hat daraus getrunken und seine Kinder und sein Vieh. Jesus antwortete ihr: Wer von diesem Wasser trinkt, der wird wieder Durst bekommen; wer aber von dem Wasser trinken wird, das ich ihm gebe, der wird in Ewigkeit keinen Durst mehr haben, sondern das Wasser, das ich ihm geben werde, das wird in ihm eine Quelle werden, deren Wasser bis ins ewige Leben quillt. Da sagte die Frau zu ihm: Herr, gib mir solches Wasser, damit ich nicht mehr durstig werde und herkommen muß, um zu schöpfen! Jesus sagte zu ihr: Geh und ruf deinen Mann und komm wieder her! Die Frau antwortete: Ich habe keinen Mann. Jesus sagte zu ihr: Du hast richtig geantwortet: Ich habe keinen Mann. Fünf Männer hast du gehabt, und der, den du jetzt hast, ist nicht dein Mann; da hast du recht.
Die Frau sagte zu ihm: Herr, ich sehe, daß du ein Prophet bist. Unsere Väter haben auf diesem Berge angebetet, und ihr sagt, in Jerusalem sei die Stätte, wo man anbeten soll. Jesus sagte zu ihr: Glaube mir, es kommt die Zeit, in der ihr weder auf diesem Berge noch in Jerusalem den Vater anbeten werdet. Ihr betet an, was ihr nicht kennt; wir aber beten an, was wir kennen; denn das Heil kommt von den Juden. Aber es kommt die Zeit, ja sie ist schon da, in der die wahren Anbeter den Vater im Geist und in der Wahrheit anbeten werden; denn auch der Vater will Menschen haben, die ihn so anbeten. Gott ist Geist, und die ihn anbeten, die müssen ihn im Geist und in der Wahrheit anbeten.

Johannes 4,5-24

Tief ist der Brunnen der Vergangenheit. Man kann untergehen darin. Man kann sich darin verlieren. Deshalb gehen die Samaritaner nur mit großer Vorsicht zu ihren heiligen Quellen. Die einen sind einfach neugierig. Andere folgen einer alten Gewohnheit. Manche wollen etwas erleben. Einige sind sicher auch durstig. Was einer einfachen samaritanischen Seele am Brunnen der Väter passiert, wenn dort ein Unbekannter aus der Fremde erscheint, davon erzählt unser Text. Um die sechste Stunde, um 12 Uhr mittags kann sich das Leben verändern.

I.

»Gib mir zu trinken«, sagt er. Eine merkwürdige Anmache. Kein Imponiergehabe. Keine Werbeaktion. Eine einfache Bitte. Gib mir zu trinken! Was will er wirklich, der Fremde?
Sie ist mißtrauisch. Am Brunnen kann viel geschehen. Dort trifft man sich zu sozialen Kontakten, zum Klatsch, zum ersten Rendezvous. Aber nun taucht hier ein Unbekannter von jenseits der Grenze auf und verwickelt mich in ein Gespräch. Da stimmt etwas nicht. Wir Samaritaner bleiben ganz unter uns. Nach drüben ist die Aussicht uns verrannt. Zu uns kommt niemand aus dem anderen Land. Und wenn einer kommt, dann darf er nicht mit uns reden. Wir pflegen die heiligen Traditionen, so gut es nur geht. Und wir brauchen diese Quellen auch, um einigermaßen heil durchs Leben zu kommen. Was kann einer von drüben uns Neues bringen?

II.

Der Fremde läßt nicht locker. Skepsis und Unverständnis und Abwehr schrecken ihn nicht. Sie soll etwas geben. Er könnte etwas geben. Nach all dem Hin und Her verrät er dann endlich, was er zu bieten hat. »Wer von diesem Wasser trinkt, der wird wieder Durst bekommen; wer aber von dem Wasser trinken wird, das ich ihm gebe, der wird in Ewigkeit keinen Durst mehr haben, sondern das Wasser, das ich ihm geben werde, das wird in ihm eine Quelle werden, deren Wasser bis ins ewige Leben quillt«.
Nun wird es wirklich prekär. Daß dieser Fremde die Grenze zwischen dem heiligen und dem unreinen Land überschritten hat, das mag ja noch angehen. Aber was er jetzt zu vermitteln verspricht, das stellt die ganze Ordnung der Schöpfung und der Heilsgeschichte in Frage.
Es gibt keinen Brunnen, zu dem man nur einmal geht. Es gibt kein Wasser, das für Zeit und Ewigkeit ausreicht. Es gibt keine Quelle, die in uns selber sprudelt und Leben bringt.

Die Brunnenvergifter verdienen zu allen Zeiten den Tod. Aber hier passiert noch viel mehr. Hier nimmt sich einer heraus, das ganze Brunnensystem überflüssig zu machen. Lebendiges Wasser verspricht er. Wasser mit unerschöpflicher Lebenskraft. Wasser, das in uns zu fließen und zu strömen beginnt, das uns erfüllt und durchflutet, das uns mitreißt und forttreibt »bis in das ewige Leben«.

Man sollte es sich sehr genau überlegen, ob man ihre Worte mitsprechen kann: »Herr, gib mir solches Wasser«. Denn wer vom Wasser des Lebens erfaßt wird, der gerät in eine gewaltige Strömung. Selbstverständliche Grenzen verlieren ihre Bedeutung. Heilige Traditionen werden relativiert. Wer sich von dem öffentlichen Brunnen zurückzieht, macht sich verdächtig des Landesverrats, des Ketzertums, der Systemkritik. Wer nach dem Wasser des Lebens, das der Unbekannte empfiehlt, ernsthaft verlangt, der ahnt wahrscheinlich noch gar nicht, auf was er sich einläßt.

III.

»Herr, gib mir solches Wasser, damit ich nicht mehr durstig werde und herkommen muß, um zu schöpfen«. Es ist schwer, jeden Tag neu diesen Durst zu empfinden. Es ist schwer, jeden Morgen neu aufzustehen und sich um die alten Sorgen zu kümmern. Gib mir das Wasser, das mein Leben sorglos und angstfrei und ohne Anstrengung macht.

Aber die Geschichte zwischen ihm und ihr ist noch nicht an ihr Ende gekommen. Bevor er etwas gibt, soll sie etwas holen. »Jesus sagte zu ihr: Geh und ruf deinen Mann und komm wieder her! Die Frau antwortete: Ich habe keinen Mann. Jesus sagte zu ihr: Du hast richtig geantwortet: Ich habe keinen Mann. Fünf Männer hast du gehabt, und der, den du jetzt hast, ist nicht dein Mann; da hast du recht«.

Das Wasser des Lebens zerreißt alle Bindungen. Die heiligen Quellen werden überflüssig. Die sozialen Kontakte verlieren an Wert. Alles, was Menschen im Leben miteinander verknotet, wird aufgelöst.

»Ich habe keinen Mann«, sagt die samaritanische Seele am Brunnen, wenn der Fremde aus der anderen Welt erscheint. Alles, was mich bisher gefesselt hat, ist nun verflogen. Ich lebe mit einem anderen Menschen, aber das ist eine Verbindung auf Zeit. Ich habe konkrete Ziele, aber das kann sich ändern. Ich vertrete bestimmte politische oder weltanschauliche oder wissenschaftliche Positionen, aber die sind nicht absolut. Ich bin mit niemand und nichts auf Gedeih und Verderb verbunden.

»Da hast du recht«, sagt er. In wen das Wasser des Lebens zu sickern beginnt, der wird frei von den Fesseln, die ihn einfangen und anbinden wollen. Er bezieht ja seine Kraft nicht mehr aus sozialen Kontakten, nicht aus sexuellen Beziehungen, nicht aus der Anerkennung durch andere Menschen. Eine Quelle in ihm selbst hat zu fließen begonnen, die ihn unabhängig macht in jeglicher Bindung.

IV.

»Herr, ich sehe, daß du ein Prophet bist«. So kann nur einer reden, der im Namen Gottes das Wort ergreift. Aber gerade wenn es um die Gegenwart Gottes geht, gibt es Probleme mit den Zeugnissen aus der Vergangenheit. Das ist ja der Brunnen aus der Zeit der heiligen Väter. Und da gibt es die Berge der Offenbarung, den Berg Garizim und den Berg Zion. Da gibt es Rom und Byzanz, Wittenberg und Genf, da gibt es Mekka und die heiligen Stätten des Buddha. Wo soll man anbeten? Wo soll man zu Boden gehen und den Namen des Ewigen preisen?

»Es kommt die Zeit«, sagt er, »ja sie ist schon da, in der die wahren Anbeter den Vater in Geist und Wahrheit anbeten werden; denn auch der Vater will Menschen haben, die ihn so anbeten. Gott ist Geist, und die ihn anbeten, die müssen ihn in Geist und Wahrheit anbeten«.

Auch die letzten und tiefsten Bindungen werden aufgelöst, wenn der Fremde aus dem Land jenseits der Grenze erscheint. An den heiligen Quellen selbst lernt man dann, daß Gott sich von den Orten der Tradition nicht einfangen läßt. Das Wasser des Lebens kann überall fließen. Das Wasser des Lebens bricht sich überall Bahn. Nicht mehr Orte, nicht mehr Texte garantieren die Anwesenheit des ewigen Gottes. Auch in der sechsten Stunde ist er nur so gegenwärtig: »in Geist und Wahrheit«.

Wo ist dieser Platz, dieser eine Punkt, der so zweideutig heißt, »Geist und Wahrheit«? Wie komm ich dort hin? Was geschieht dort mit mir? Das theologische Bewußtsein schreit sofort nach Kriterien und will diesen Ort mit Hilfe von Lehrformeln und Bekenntnissätzen eindeutig definieren. Wo liegt dieser Ort zwischen Brunnen und Berg, wo alles zu fließen beginnt, wo das Wasser des Lebens Menschen erfaßt, wo Grenzen weggespült werden und wo man durch Anbetung mit dem ewigen Vater vereint wird?

Tief sind die Augenblicke des Lebens, in denen »Geist und Wahrheit« zusammenfallen. Da ist mehr als kirchliche Rechtgläubigkeit, und da ist mehr als persönlicher Rausch. Da zeigt sich durch alle theologischen Sätze hindurch die tief verborgene, die unglaublich reiche Wahrheit. Und da wird man jenseits aller Gefühle, aller Ängste und Wünsche vom Geist aus der Welt Gottes erfaßt. Wer ist der Mensch zwischen Brunnen und Berg?

V.

»Ich weiß, daß der Messias kommt, der Christus genannt wird. Wenn der kommt, wird er uns alles verkündigen«. Die samaritanische Seele wartet. Die Juden warten auf den Messias. Die Heiden warten auf den Sohn Gottes. Die Welt wartet auf Erlösung, auf Frieden, auf Glück.

Johannes 4,5-24

Aber nun sagt Er: »Ich bin es, ich, der mit dir redet«.
Am Brunnen der Tradition, um die sechste Stunde ist die Weltgeschichte zu Ende.
Er ist gegenwärtig.
Sein Wort steht im Raum.
Sein Geist erfüllt unsere Seele.
Seine Wahrheit reißt uns mit bis in das ewige Leben.

Herr, ewiger und allmächtiger Gott.
Wir sagen Dir Dank.
In Deiner Gegenwart können wir uns selber verlieren,
unsere Angst, unsere Sorgen, unsere Wehleidigkeit.
In Deiner Gegenwart können wir uns selbst finden,
unsere Erwählung, unsere Geborgenheit,
unseren Frieden.
Herr, wir sagen Dir Dank.
Dein Wort bringt Leben in unsere verdorrte Seele,
Dein Geist erfüllt uns mit jener Kraft,
die uns trägt durch alle Gefahren
und mitreißt in Dein ewiges Reich.

Herr, ewiger und allmächtiger Gott.
An den Quellen des Lebens sitzen Menschen
und warten:
auf Essen und Trinken,
auf Arbeit und Liebe,
auf Freiheit und Frieden,
auf Freude und Glück.
Erlöse die Leidenden.
Speise die Hungernden.
Heile die Kranken.
Begleite die Sterbenden.
Tröste die Einsamen und Verzweifelten.
Gieß überall aus Deine unerschöpfliche Gnade.

Herr, ewiger und allmächtiger Gott.
Zu den Quellen des Lebens kommen die Menschen
und hoffen:
auf ein gutes Wort,
auf eine hilfreiche Gabe,
auf eine Nachricht, die Mut macht,
auf jene Wegzehrung, die ins ewige Leben führt.
Zeige Dich den Suchenden.

Erleuchte die Verblendeten.
Befreie die Besessenen.
Rette die Verdammten.
Gieß überall aus Deine unerschöpfliche Gnade.

Herr, ewiger und allmächtiger Gott.
An den Quellen des Lebens arbeiten manche,
die alles verderben:
Wasser wird vergiftet.
Menschen werden gequält oder betäubt.
Dein Wort wird in Hartherzigkeit
oder Leichtfertigkeit verfälscht.
Verteidige, was Dir gehört.
Befreie, was bedroht ist.
Besiege alle Mächte des Bösen.
Gieß überall aus Deine unerschöpfliche Gnade.

Tief, Herr, ist Deine Barmherzigkeit.
Groß, Herr, ist Deine Macht.
Ewig, Herr, ist Dein Reich.
Heilig, Herr, ist Dein Name.
Mit allen, die an Dich glauben,
mit allen Menschen auf dieser Erde,
mit allem, was Du geschaffen hast,
im Universum,
danken wir Dir für das Leben,
segnen wir Deine Welt,
preisen wir Deine Herrlichkeit,
Dich, den gnädigen und einzigen Gott,
den Vater und den Sohn und den Heiligen Geist.

Amen.

Die Heilung des modernen Menschen

Und sobald die Menge ihn sah, gerieten alle außer sich, liefen herbei und hießen ihn willkommen. Und er fragte sie: Was streitet ihr euch mit ihnen? Einer aber aus der Menge antwortete: Meister, ich habe meinen Sohn zu dir hergebracht, der ist von einem Geist besessen, der ihn stumm macht. Und wo er ihn auch erwischt, reißt er ihn zu Boden; und er hat Schaum vor dem Mund, knirscht mit den Zähnen und wird starr und steif. Und ich habe mit deinen Jüngern geredet, daß sie ihn austreiben sollen, doch sie können's nicht. Er aber antwortete ihnen: Du ungläubiges Geschlecht, wie lange soll ich noch bei euch sein? Wie lange soll ich euch noch ertragen? Bringt ihn her zu mir! Und sie brachten ihn zu ihm. Und als ihn der Geist sah, riß er ihn sofort nieder. Und er fiel auf die Erde, wälzte sich herum, und Schaum trat ihm vor den Mund. Und Jesus fragte seinen Vater: Wie lange ist's her, daß ihm das widerfahren ist? Er sagte: Von Kind auf. Und oft hat er ihn ins Feuer und ins Wasser geworfen, um ihn umzubringen. Wenn du aber etwas kannst, so erbarme dich über uns und hilf uns! Jesus aber sagte zu ihm: Du sagst: wenn du kannst – wer glaubt, kann alles! Sogleich rief der Vater des Kindes: Ich glaube; hilf meinem Unglauben! Als nun Jesus sah, daß das Volk herbeilief, herrschte er den unreinen Geist an und sagte zu ihm: Du stummer und tauber Geist, ich gebiete dir: Fahre von ihm aus und fahre nie wieder in ihn hinein! Da schrie er auf, riß ihn hin und her und fuhr aus. Und der Knabe lag wie tot da, so daß die Menge sagte: Er ist tot. Jesus aber ergriff ihn an der Hand und richtete ihn auf, und er stand auf. Und als Jesus heimkam und sie allein waren, fragten ihn seine Jünger: Warum konnten wir ihn nicht austreiben? Er aber sagte: Diese Art kann einzig und allein durch Beten ausfahren.

Markus 9,15-29

I.

In viele Bibeltexte kann man mit einem einzigen Satz einfach hineinspringen. Das geht hier nicht. Diese Szene ist uns sehr fern, wirkt auch in sich verschlossen. Irgendwie wehrt sie sich gegen Eindringlinge, die nur neugierig sind.
Man kann sie sehr leicht zur Seite schieben. Da tobt ein Dämon. Ein himmlischer Wundertäter taucht auf. Ein Exorzismus wird in der Öffentlichkeit vollzogen. All das sind Elemente, die zum antiken Weltbild gehören und die auf uns moderne Menschen einigermaßen befremdlich wirken.

Man kann auch niemanden in diese Geschichte einfach hineintreiben. Das muß ein Christ glauben! Besessene gibt es schließlich auch heute! Und erstaunliche, unerklärliche Heilungsvorgänge passieren doch auch in der modernen Medizin.

So schnell kommt man in diese ferne Geschichte nicht hinein, und so einfach, mit dem Hinweis auf das antike Weltbild, wird man sie auch nicht los. Dafür ist die Power in dieser Szene zu groß. Es ist schwer zu verstehen, was hier geschieht. Nur ganz wenige unter uns ahnen das vielleicht. Und es ist noch schwerer, in Worte zu fassen, was aus uns wird, wenn wir in diese Geschichte hineingeraten.

Am besten beginnen wir deshalb dort, wo die Geschichte aufhört: »Diese Art kann man einzig und allein durch Beten verstehen«. Warum das? Weil im Gebet die Illusion verfliegt, wir wüßten schon über alles Bescheid. Das Gebet ist ein besonderer Zugang zur Wirklichkeit. Wir entdecken dabei, was wir nicht können und nicht wissen und nicht verstehen. Im Gebet wird klar: Wir kennen uns nicht. Wir kennen die Welt nicht. Wir kennen auch diese Szene noch nicht.

»Und sobald die Menge ihn sah, gerieten alle außer sich, liefen herbei und hießen ihn willkommen«.

Komm, Herr Jesus, sei uns willkommen!

II.

»Ich habe mit Deinen Jüngern geredet, daß sie ihn austreiben sollen, doch sie können's nicht«. Enttäuschte Erwartungen. Wenn etwas an dieser Geschichte leicht zugänglich ist, dann diese Beschwerde. Ein Vater sucht Hilfe für seinen Sohn und findet sie nicht. Eine alleinerziehende Mutter sucht einen Kindergartenplatz und erhält ihn nicht. Ein Obdachloser sucht Wohnung. Einsame suchen Gemeinschaft. Trauernde suchen Trost. Arme suchen Gerechtigkeit. In der Schar derer, die sich über die Jünger beklagen, werden irgendwo auch wir mit unseren Vorwürfen stehen.

Die Jünger schaffen es nicht. Sie können dem leidenden, hungernden, besessenen Menschen nicht helfen. Sie haben den besten Willen. Sie experimentieren mit vielen Methoden. Sie investieren viel Zeit, viel Geld, ja ihr ganzes Leben. Aber wenn es ernst wird, versagen sie meistens. Auch der Gast aus der Himmelswelt regt sich darüber auf: »Du ungläubiges Geschlecht, wie lange soll ich noch bei Euch sein? Wie lange soll ich Euch noch ertragen?«

Mindestens so lange, bis wir ein wenig verstanden haben, was in dieser Szene geschieht. Bleibe bei uns, Herr!

III.

»Bringt ihn her zu mir! Und sie brachten ihn zu ihm. Und als ihn der Geist sah, riß er ihn sofort nieder. Und er fiel auf die Erde, wälzte sich herum, und Schaum trat ihm vor den Mund«.

Die Menschen, die heute früh in Göttingen an solchen Anfällen leiden, sind nicht in diese Kirche gekommen. Sind deshalb auch die Dämonen nicht hier?

Diese Art kann man einzig und allein durch Beten entdecken. Was wäre, wenn nicht nur ausflippende Söhne besessen sind, sondern auch ehrbare Väter? Nicht nur verhexte Frauen, sondern auch geistliche Herren? Nicht nur Opfer, die krank sind, sondern auch Täter, die an Körper, Seele und Geist gesund erscheinen? Was wäre, wenn nicht nur andere besessen sind, sondern von Zeit zu Zeit auch wir selber?

Gottes heiliger Geist, sagen die Theologen, wirkt heute nicht mehr unbedingt in erstaunlichen Phänomenen wie Zungenreden oder Himmelsreisen oder Wundertaten, sondern in den alltäglichen Handlungen, die wir im Glauben verrichten. Was ist, wenn sich auch die Dämonen verändert haben, wenn sie sich nicht mehr auf monströse Weise manifestieren, sondern wenn auch sie aufgeklärt, ganz rational und modern ihre zerstörerischen Ziele verfolgen?

»Bringt ihn her zu mir!« Hier sitzen Menschen ohne Schaum vor dem Mund. Die ganz gut funktionieren. Die im Alltag ihren Geschäften nachgehen, ihre Prinzipien durchsetzen, ihre Interessen vertreten. Es muß viel passieren, bis sie die Fassung verlieren. Enttäuschungen und Verzweiflung, Sorgen um die Zukunft, Angst vor dem Sterben haben sie tief in sich eingeschlossen. Abends müssen manche nüchternen Realisten, weil die Wirklichkeit des Lebens unerträglich ist, sich selber betäuben. Und gelegentlich taucht wohl auch der Gedanke auf, ins Wasser zu gehen oder ein Feuer zu legen oder sonst irgendwie Schluß zu machen.

»Da herrschte Jesus den unreinen Geist an und sagte zu ihm: Du stummer und tauber Geist, ich gebiete dir: Fahre von ihm aus und fahre nie wieder in ihn hinein!«

IV.

»Wer glaubt, kann alles«. Das steht da wirklich. Das ist der entscheidende Satz. Nicht die Antwort des Vaters, die bei den Jüngern immer viel beliebter gewesen ist: »Ich glaube, hilf meinem Unglauben«.

Mit diesem Satz kann man so angenehm schaukeln. »Ich glaube«, da ist ein Stück Gottvertrauen in mir, da sind Selbstbewußtsein und Lebenszuversicht. Das alles treibt mich wunderbar himmelwärts. Aber dann geht es auch wieder steil nach unten: »hilf meinem Unglauben«. Da ist die Ungewißheit in mir, ob es wirklich Lösungen und Erlösung gibt. Da sind Sorge und Ratlosigkeit und Zweifel da, ob Gott existiert. Manchmal starren die Wankelmütigen voller Neugier und Sehnsucht in irgendein Jenseits. Manchmal haben sie eine Heidenangst, von den modernen Menschen verachtet zu werden.

»Wer glaubt, kann alles«. Die Kleingläubigen können wenig und tun doch so viel. Unermüdlich, pausenlos sind die Jünger beschäftigt. Sie kommunizieren und reformieren, sie fragen und tagen. Eifrig studieren sie die neuesten Möglichkeiten, um Menschen für sich zu gewinnen. Und geben sehr viel Geld für professionelle Werbekampagnen aus, damit die Menschenmassen wieder zusammenströmen und sich von der Gemeinde helfen lassen. Dem modernen Menschen kann man doch nur durch moderne Methoden begegnen.

»Wer glaubt, kann alles«. Und wer etwas kann, braucht für sich selber keine Reklame zu machen. Jesus gibt sich mit unserem Kleinglauben nicht zufrieden. Das Schwanken zwischen Ohnmachtsgefühlen und Allmachtswünschen kann ein Ende haben. Der Kleinglaube kann verschwinden. Wahrer Glaube kann wachsen. Die Jünger sind ja erwählt und berufen. Sie sind wirklich gesandt, um im Namen Gottes zu helfen. »Als Jesus heimkam und sie allein waren, fragten ihn seine Jünger: Warum konnten wir ihn nicht austreiben?«

V.

»Wer glaubt, kann alles«. Wie kann man das lernen, alles zu können? »Er aber sagte: Diese Art kann einzig und allein durch Beten ausfahren«, und in manchen alten Handschriften ist hinzugefügt: »durch Beten und Fasten«. Wer Glauben erhalten will, wer an der Macht Gottes Anteil gewinnen will, wer den Besessenen wirklich helfen will, der muß beides lernen – beten und fasten.

Beten und fasten sind alte religiöse Methoden, die wir aus vielen Gründen nicht mehr verwenden. Manchmal bitten wir vor schwierigen Aufgaben um göttlichen Beistand. Und manchmal danken wir nach getaner Arbeit für den Erfolg. Aber dazwischen verwenden wir jene Verfahren, die Therapie, Technik und Wissenschaft inzwischen entwickelt und die sich in der Regel ja auch durchaus bewährt haben.

Das kurze Gespräch zwischen Jesus und seinen Jüngern macht darauf aufmerksam, daß das Beten mehr sein kann als Ausdruck frommer Gefühle. Beten und fasten können machterfüllte Methoden sein, extrem und radikal. Wer sie wirklich beherrscht und nicht nur mit ihnen spielt, der gerät in gefährliche Grenzbereiche. »Da schrie er auf, riß ihn hin und her und fuhr aus. Und der Knabe lag wie tot da, so daß die Menge sagte: Er ist tot«.

Der Weg der Heilung geht durch das Sterben. Beten und fasten helfen gegen die Mächte des Bösen, weil sie dem Gesetz dieses Weges entsprechen. Durch das Sterben ins Leben. Im Beten erklärt ein Mensch eine Ohnmacht und appelliert an die göttliche Allmacht. Im Fasten verzichtet er auf die Lebensmittel der Schöpfung, um von den Machtmitteln Gottes erfüllt zu werden. Wir modernen Menschen, vom Allmachtswahn besessen, von Lebensgier angetrieben, können nur durch Beten und Fasten gerettet werden.

VI.

»Da schrie er auf, riß ihn hin und her und fuhr aus. Und der Knabe lag wie tot da, so daß die Menge sagte: Er ist tot. Jesus aber ergriff ihn an der Hand und richtete ihn auf, und er stand auf«.
»Sogleich rief der Vater des Kindes: Herr, ich glaube!«

Herr, ewiger und allmächtiger Gott.
Deine Hilfe ist größer als unser Versagen.
Dein Erbarmen übertrifft alles Leid.
Dein Reich kommt durch die Todesgeschichte,
in die wir verstrickt sind, zum Ziel.
Mit allen Menschen, mit allen Geschöpfen
leben wir Deinem Frieden und Deiner Freiheit entgegen.
Dank Dir für jedes Wort,
das uns bewegt und aufrichtet und zu Dir führt.

Weil Du ein gnädiger und allmächtiger Gott bist,
der helfen kann, wenn wir versagen,
bitten wir Dich für alle Menschen in Not:
für Kranke und Sterbende,
für Einsame und Verzweifelte,
für Hungernde, Arme und Arbeitslose,
für Ausgebeutete und Unterdrückte,
für die Opfer des Krieges:
erlöse alle aus ihrem Leid,
befreie und rette elende Menschen.

Weil Du ein gnädiger und allmächtiger Gott bist,
der helfen kann, auch wenn wir versagen,
bitten wir Dich für alle, die besessen sind,
die in Traurigkeit und Schwermut versinken,
die von Anfällen heimgesucht werden,

die verstrickt sind in Haß, Neid und Eifersucht,
die von bösen Träumen gequält werden,
die sich mit Alkohol und Tabletten betäuben,
die dem Geld nachjagen und über Leichen gehen,
die ihre Macht in Wirtschaft und Politik,
in Forschung und Lehre mißbrauchen:
erlöse sie aus ihrem Wahnsinn,
schenk ihnen Vernunft,
erfülle sie alle mit Liebe.

Weil Du ein gnädiger und allmächtiger Gott bist,
der auch helfen kann, wenn wir versagen,
bitten wir Dich für alle,
die schon zu Deiner Gemeinde gehören:
daß sie sich vor Menschen nicht fürchten
und nicht allein auf menschliche Weisheit verlassen,
daß sie die Macht des Glaubens entdecken,
daß sie beten und fasten lernen,
daß sie allen Wankelmut verlieren
und tatkräftig eintreten
für Recht und Freiheit, für Leben und Glück.

Du, Herr, kennst unsere Schwächen.
Aber Du machst uns auch stark.
Du, Herr, siehst unseren Kleinglauben.
Aber Du lädst uns ohne Zögern zur Nachfolge ein.
Du, Herr, hast unser Todesgeschick geteilt
und führst uns durchs Sterben ins Leben.
Deshalb loben und preisen wir
mit jedem Atemzug Deinen herrlichen Namen.
Du Schöpfer dessen, was da ist.
Du Retter dessen, was krank ist.
Du Erlöser dessen, was verdammt ist.
Ehre sei Dir,
dem Vater und dem Sohn und dem Heiligen Geist,
jetzt und immerdar
und von Ewigkeit zu Ewigkeit.

Amen.

Das Buch, die Tränen, der Ruhm

Und ich sah in der rechten Hand dessen, der auf dem Thron saß, ein Buch, innen und außen beschrieben, versiegelt mit sieben Siegeln. Und ich sah einen starken Engel, der rief mit lauter Stimme: Wer ist würdig, das Buch zu öffnen und seine Siegel aufzubrechen? Aber niemand, weder im Himmel noch auf Erden noch unter der Erde, konnte das Buch aufmachen und hineinsehen. Und ich weinte sehr, weil niemand gefunden wurde, der würdig war, das Buch aufzumachen und hineinzusehen. Und einer von den Ältesten sagte zu mir: Weine nicht! Siehe, der Löwe aus dem Stamm Juda, der Sproß aus der Wurzel David, hat den Sieg errungen. Er ist würdig, das Buch und seine sieben Siegel aufzumachen.
Und ich sah zwischen dem Thron mit den vier Gestalten und den Ältesten ein Lamm stehen, das war geschlachtet; es hatte sieben Hörner und sieben Augen, das sind die sieben Geister Gottes, gesandt in alle Lande. Und es trat heran und nahm das Buch aus der rechten Hand dessen, der auf dem Thron saß. Und als es das Buch nahm, warfen sich die vier Gestalten und die vierundzwanzig Ältesten vor dem Lamm nieder, und jeder von ihnen hatte eine Harfe und goldene Schalen voll Räucherwerk, das sind die Gebete der Heiligen, und sie sangen ein neues Lied: Du bist würdig, das Buch zu nehmen und seine Siegel aufzubrechen; denn du bist geschlachtet worden und hast mit deinem Blut Menschen für Gott erkauft aus allen Stämmen, Sprachen, Völkern und Nationen und hast sie zu Königen und Priestern unseres Gottes gemacht, und sie werden über die Erde herrschen.
Und ich sah, und ich hörte die Stimme vieler Engel, die um den Thron und die Gestalten und die Ältesten standen, und ihre Zahl war vieltausendmal tausend; die sprachen mit lauter Stimme: Das Lamm, das geschlachtet ist, ist würdig, Kraft und Reichtum zu empfangen, Weisheit und Stärke, Ehre, Preis und Lob. Und alle Geschöpfe, die im Himmel sind und auf Erden und unter der Erde und auf dem Meer und alles, was darin ist, hörte ich sagen: Dem, der auf dem Thron sitzt, und dem Lamm sei Lob und Ehre, Preis und Gewalt von Ewigkeit zu Ewigkeit! Und die vier Gestalten sprachen: Amen! Und die Ältesten warfen sich nieder und beteten an.

Offenbarung 5,1-14

I.

»Dem, der auf dem Thron sitzt, und dem Lamm sei Lob und Ehre, Preis und Gewalt von Ewigkeit zu Ewigkeit«. Das haben alle Geschöpfe, die im Himmel sind und auf Erden und unter der Erde und auf dem Meer und alles, was darin ist, am 8. Mai 1945 gesungen. Zu Lande, zu Wasser und in der Luft. Das singen sie heute. Das werden sie singen, bis am Ende der Tage die Welt in die Ewigkeit fließt und ein neuer Himmel, eine neue Erde Gestalt gewinnen.

»Dem, der auf dem Thron sitzt, und dem Lamm sei Lob und Ehre, Preis und Gewalt von Ewigkeit zu Ewigkeit«. Während die ganze Schöpfung unsichtbar, unhörbar das Loblied des ewigen Schöpfers singt, tobt die Geschichte, fließt das Blut, schreit die gequälte Kreatur. Und versuchen die Menschen, in Büchern festzuhalten, was geschehen ist und warum es geschehen ist.

»Dem, der auf dem Thron sitzt, und dem Lamm sei Lob und Ehre, Preis und Gewalt von Ewigkeit zu Ewigkeit«. Das ist die Wirklichkeit unseres Lebens, wie sie sich dem Seher Johannes erschließt. Die sichtbare Welt und die unsichtbare Welt. Die unaufhörlichen Tränen und das unendliche Lied. Hier unten die Grausamkeit, das menschliche Leid, die ungerührte Brutalität. Und dort oben, aber verborgen auch in unserer Mitte, die ungerührte Anbetung. »Das Lamm, das geschlachtet ist, ist würdig, Kraft und Reichtum zu empfangen, Weisheit und Stärke, Ehre, Preis und Ruhm«.

II.

Was ist wirklich geschehen? Warum konnte das alles geschehen? Die Bücher, die fünfzig Jahre nach dem Ende des Krieges erscheinen, können bestenfalls Aspekte dessen erfassen, was Menschen einander angetan und was sie voneinander erlitten haben. Am Anfang der Wissenschaft, am Ende der Bücher stehen die Register. Die Listen der Toten.

Die Liste der Mörder. Die Liste der Mitläufer. Die Liste der akademischen Gewährsleute. Die Liste derer, die es gut gemeint haben. Die Liste derer, die »Heil« geschrien haben. Die Liste derer, die sich am Schluß das Leben genommen haben.

Unser Urteilsvermögen ist so begrenzt, daß wir zwischen Tätern und Opfern nicht immer genau zu unterscheiden wissen. Aber es gibt auch diese andere Liste. Die Liste der Überfallenen. Die Liste der Vergasten. Die Liste der Erschossenen und Aufgehängten. Die Liste der Vergewaltigten. Die Liste der Verhungerten. Die Liste der weinenden Kinder.

50 Millionen Tote. Um ihr Leben gebracht. Durch keine Methode zu rekonstruieren. Ohne vernünftigen Sinn.

Offenbarung 5,1-14

III.

»Und ich sah in der rechten Hand dessen, der auf dem Thron saß, ein Buch, innen und außen beschrieben, versiegelt mit sieben Siegeln. Und ich sah einen starken Engel, der rief mit lauter Stimme: Wer ist würdig, das Buch zu öffnen und seine Siegel aufzubrechen? Aber niemand, weder im Himmel noch auf Erden noch unter der Erde, konnte das Buch aufmachen und hineinsehen. Und ich weinte sehr, weil niemand gefunden wurde, der würdig war, das Buch aufzumachen und hineinzusehen«.

Der 8. Mai. Ein Datum in Deutschland.
Tränen der Trauer über die Ermordeten.
Tränen der Scham über das, was in unserem Namen geschehen ist.
Tränen der Erleichterung über das Ende der Schreckensherrschaft.
Tränen der Ohnmacht. Wer kann das alles verstehen?

IV.

»Und alle Geschöpfe, die im Himmel sind und auf Erden und unter der Erde und auf dem Meer und alles, was darin ist, hörte ich sagen: Dem, der auf dem Thron sitzt, und dem Lamm sei Lob und Ehre, Preis und Gewalt von Ewigkeit zu Ewigkeit!«
Ungerührt, unsichtbar, unhörbar hat die Schöpfung das Loblied des ewigen Schöpfers gesungen, trotz aller Vernichtungstendenzen, trotz aller Zerstörungswut, die die Erde beherrschen.
Wenn überhaupt, dann ist dieses unaufhörliche Lied eine einzige Sekunde lang unterbrochen gewesen, als Er am Kreuz hing und um Erbarmen schrie.
»Eli, Eli, lama asabthani«.
Da stand eine atemlose Sekunde lang die Weltgeschichte still. Es stockten die Geschöpfe im Himmel und auf Erden und unter der Erde mit ihrem Gesang, um diesen schrecklichen Schrei nicht zu übertönen.
»Dem, der auf dem Thron sitzt, und dem Lamm sei Lob und Ehre, Preis und Gewalt von Ewigkeit zu Ewigkeit«. Drei Tage lang haben sie dann voller verzweifelter Hoffnung weiter gesungen. Und dann war Er aus dem Tode ins Leben zurückgekehrt.

V.

»Weine nicht! Siehe, der Löwe aus dem Stamm Juda, der Sproß aus der Wurzel David, hat den Sieg errungen«. Am Ende verliert die Geschichte ihr Menschengesicht. In den letzten Tagen der Reichskanzlei hat der unselige

Deutsche seinen Schäferhund in den Armen gehalten. »Wolfi! Wolfi!« So hat früher die Mutter den Jungen gerufen, der sich jetzt das Leben nehmen wird. »Wolfi! Wolfi!«

»Das Lamm, das geschlachtet ist, ist würdig, Kraft und Reichtum zu empfangen, Weisheit und Stärke, Ehre, Preis und Ruhm«.

Der Löwe als Lamm. Das Lamm auf dem Thron. Die Schreckensgeschichte ist zur Heilsgeschichte geworden.

VI.

Nur die Opfer können verstehen. Das ist die Wahrheit im neuen Lied: »Du bist würdig, das Buch zu nehmen und seine Siegel aufzubrechen; denn du bist geschlachtet worden und hast mit deinem Blut Menschen für Gott erkauft aus allen Stämmen, Sprachen, Völkern und Nationen und hast sie zu Königen und Priestern unseres Gottes gemacht, und sie werden über die Erde herrschen«.

Er hat die Sünde getragen; er allein kann auch den Einblick in das Schuldbuch ertragen. Wir, die wir in die Geschichte verstrickt sind, in vieler Hinsicht Opfer, in vieler Hinsicht Täter, wir müssen Bücher lesen und Bücher schreiben, um ein wenig zu verstehen, was mit uns und durch uns geschieht. Er allein weiß, was geschehen ist und warum es geschehen ist und was auf die Menschen wartet.

Wer in der Offenbarung des Johannes weiterliest, wird nicht nur in die Vergangenheit blicken. Das Buch mit den sieben Siegeln wird aufgetan und ein Blick in jene Zukunft eröffnet, in der die Zeit in die Ewigkeit zurückgeführt wird.

Die Wirrnisse der Geschichte werden dann endgültig klar. Die Scheidung zwischen Tätern und Opfern wird dann endgültig vollzogen. Hart ist, was der Seher anzusagen hat.

Die Soldaten, die Mörder sind, werden zerfleischt werden.

Die Reichen, die die Armen verhungern lassen, werden der Qual verfallen.

Die Besessenen, die die Schöpfung zerstören, werden von den eigenen Giften zerfressen.

Die Opfer aber, die Priester und Könige unseres Gottes, werden durch das Blut des Lammes gerettet werden.

»Und ich sah einen neuen Himmel und eine neue Erde; denn der erste Himmel und die erste Erde sind vergangen, und das Meer ist nicht mehr. Und ich sah die heilige Stadt, das neue Jerusalem, von Gott aus dem Himmel herabkommen, bereitet wie eine geschmückte Braut für ihren Mann. Und ich hörte eine mächtige Stimme von dem Thron her, die sprach: Siehe, die Stätte Gottes bei den Menschen! Und er wird bei ihnen wohnen, und sie werden sein Volk sein, und Gott selbst wird bei ihnen sein; und Gott wird

Offenbarung 5,1-14 123

abwischen alle Tränen aus ihren Augen, und der Tod wird nicht mehr sein, noch Leid noch Geschrei noch Schmerz wird mehr sein; denn das Alte ist vergangen. Und der auf dem Thron saß, sprach: Siehe, ich mache alles neu!« (21,3-5).
Die letzten Worte, die in der Weltgeschichte erklingen, werden nicht deutsch sein und auch nicht griechisch und nicht lateinisch.
Hallelujah!
Schalom!
Amen!

Herr, ewiger und allmächtiger Gott.
In der Herrlichkeit Deines Reiches regierst Du die Welt.
Durch das Kreuz Deines Sohnes befreist Du die Menschen.
In der Kraft Deines Geistes erweckst Du, was tot ist.

Wir gedenken, Herr, voller Scham der Untaten,
die in unserem Namen geschehen sind.
Sei gnädig den Tätern.
Bewahre die Opfer.
Erleuchte die Verblendeten.
Steh all denen bei, die in Staat und Gesellschaft,
in Politik und Wissenschaft und Erziehung verhindern wollen,
daß der Ungeist wiederkehrt.

Wir gedenken, Herr, voller Trauer all derer,
die heute Krieg und Verfolgung erleiden.
Erbarme Dich der Unschuldigen.
Bewahre Frauen und Kinder.
Beschütze Flüchtlinge und Hungernde.
Wehre dem Haß.
Beende das Morden.
Reiße alle Besessenen aus ihrem Wahn.
Fördere die Werke des Friedens.

Du, Herr, ewiger und allmächtiger Gott,
kennst Angst und Verzweiflung;
so erbarme Dich aller,
die jetzt in Angst und Verzweiflung leben.

Du, Herr, ewiger und allmächtiger Gott,
bist einsam und verlassen gewesen;
so nimm Dich aller an,
die in dieser Stunde ohne Zuspruch und Beistand sind.

*Du, Herr, ewiger und allmächtiger Gott,
bist für uns alle in den Tod gegangen;
sei nun bei denen,
deren Leben in dieser Minute zu Ende geht.*

*Schön, Herr, ist das Leben in Deiner Welt.
Schrecklich, Herr, ist der Lauf der Geschichte zwischen den Völkern.
Unheimlich, Herr, ist vieles,
was Menschen einander antun und voneinander erdulden.*

*Mit aller Kreatur,
die Deinen Namen lobt und preist,
mit allen Menschen,
die Du in Deine Gemeinde berufen hast,
warten wir auf Dein Reich,
auf das Ende der Tränen,
auf die Vernichtung des Bösen,
auf den Beginn von Freiheit und Frieden.*

*Ehre sei Deinem unaussprechlichen Namen.
Ruhm sei Deiner unbesiegbaren Macht.
Lob sei Deiner unerschöpflichen Gnade.
Anbetung sei dem Geheimnis Deines ewigen Seins.
Dir, dem Vater und dem Sohn und dem Heiligen Geist,
jetzt und immerdar
und von Ewigkeit zu Ewigkeit.*

Amen.

Liebe ohne Leidenschaft

Und wir haben die Liebe erkannt, die Gott zu uns hat, und an sie geglaubt. Gott ist Liebe; und wer in der Liebe bleibt, der bleibt in Gott und Gott in ihm. Darin ist die Liebe bei uns vollendet, daß wir Zuversicht haben am Tag des Gerichts; denn wie er ist, so sind auch wir in dieser Welt. Furcht ist nicht in der Liebe, sondern die vollkommene Liebe treibt die Furcht aus; denn die Furcht rechnet mit Strafe. Wer sich aber fürchtet, der ist nicht vollkommen in der Liebe. Laßt uns lieben, denn er hat uns zuerst geliebt. Wenn jemand sagt: Ich liebe Gott –, und haßt seinen Bruder, so ist er ein Lügner. Denn wer seinen Bruder nicht liebt, den er sieht, wie kann er Gott lieben, den er nicht sieht? Und dies Gebot haben wir von ihm, daß, wer Gott liebt, auch seinen Bruder lieben soll.
1. Johannes 4,16-21

I.

»Gott ist Liebe.«
Man kann dieses Grundgeheimnis des Lebens in der Sprache auf zweierlei Weise verwahren. Man kann es verschweigen und nur denen anvertrauen, die es im Lauf ihres Lebens jetzt endlich verstehen werden. Und man kann ausdauernd darüber reden; man kann diesen Satz und andere Wahrheiten so verheimlichen, daß man sie bei jeder Gelegenheit in den Mund nimmt.
»Gott ist Liebe.«
Diese Kirche hier ist wie die meisten anderen Kirchengebäude angefüllt mit diesen zwei Wörtern. Gott. Liebe. Durch die Jahrhunderte hin hat jede Generation in diesem Raum das Geheimnis zu ergründen versucht. An den Wänden haben sich die Wörter niedergelassen. Die Mauern sind davon durchdrungen. Die Luft ist davon erfüllt. Und auch in uns selbst hat sich dieser Satz längst niedergelassen. »Gott ist Liebe.« Das haben wir alle schon einmal gehört. Das ist in uns eingedrungen. Das haben wir voller Hoffnung angenommen. Und dem haben wir in den Augenblicken der Verzweiflung heftig widersprochen.
Heute müßte es darum gehen, in dieses allzu bekannte Geheimnis, das uns umschwirrt und das in uns nistet, so einzudringen, daß es klarer wird und daß es uns Kraft gibt. Das würde bedeuten, daß dieses Geheimnis nicht nur die Mauern erreicht und nicht nur die Luft erfüllt und allenfalls unseren Kopf. Es müßte darum gehen, daß dieses Grundgeheimnis des ganzen Le-

bens auch ein Stück unseres eigenen Lebens wird, vielleicht nur für einen Augenblick der Erleuchtung, beim Anhören einer Kantate oder nur für eine Gottesdienststunde, aber angelegt auf Dauer, bestimmt für den Rest unseres Daseins in dieser Welt.

»Gott ist Liebe.« Weil das wahr ist, kann es nur eine Fortsetzung geben, in der Logik der Sache und in der Logik unseres Lebens: »Wer in der Liebe bleibt, der bleibt in Gott und Gott in ihm.« Mit Hilfe dieses einen Satzes kann man dorthin geraten, woher alles kommt und wohin alles geht und was uns von allen Seiten umgibt. Wie soll das zugehen?

II.

»Wenn ich mit Menschen- und mit Engelzungen redete und hätte die Liebe nicht, so wäre ich ein tönendes Erz oder eine klingende Schelle.« Was Paulus sagt, ist für den, der auf der Kanzel steht, ein nicht gerade ermutigender Satz. Und der einzige Trost kann darin bestehen, daß man ihn verallgemeinert. Auch wer mit Engelohren oder mit Musikohren hört, hört, wenn er nicht in der Liebe ist, vergeblich. Es besteht aller Anlaß, den ersten Satz der Kantate auch in der Predigt ganz ernst zu nehmen: »Liebster Jesu, mein Verlangen, sage mir, wo find ich dich?«

Offensichtlich wird in den biblischen Texten von einer Liebe geredet, die nicht selbstverständlich zu unserem Leben gehört. Wir kennen Liebe als Trieb und Liebe als Gefühl. Beide Erlebnisbereiche sind zentrale Bestandteile des irdischen Daseins. In jener Liebe, die sich als sexuelles Begehren manifestiert, vollzieht sich bei den höher entwickelten Arten der Prozeß der Evolution. Wir alle verdanken diesem Begehren die Tatsache, daß wir leben. Und wir leben von Gefühlen bewegt, die sich in Sympathie, in Zuneigung, in Zärtlichkeit und vielen anderen Liebesnuancen äußern.

»Liebe ist stark wie der Tod und Leidenschaft unwiderstehlich wie das Totenreich«, heißt es im Hohenlied, und manche werden in diesem Satz ein Stück ihrer eigenen Geschichte ausgedrückt finden. Liebe ist Passion. Ganz selbstverständlich rechnet die Bibel damit, daß auch der lebendige Gott diese Seite des Lebens erfährt und erleidet. Gott ist eifersüchtig, wenn das Volk Gottes fremdgeht. Gott ist in die von ihm geschaffene Welt so vernarrt, daß er seinen eigenen Sohn dafür opfert, um sie für sich zurückzugewinnen.

Auch Gottes Liebe kann voller Leidenschaft sein. Aber sie ist dann auch mehr, als wir in unseren Triebregungen und Gefühlsbewegungen zu unserem Glück und zu unserem Leidwesen mitbekommen. Vielleicht ist das am deutlichsten in jener Operettenarie ausgedrückt, die da behauptet: »Die Liebe, die Liebe ist eine Himmelsmacht.« Sie ist ein riesiges, unerschöpfliches, energetisch geladenes Kraftfeld, das die uns bekannte Welt von allen

Seiten umgibt, das die Geschichte des Lebens durchpulst, das Wörter, Räume, Töne, Menschen erfüllt, das Seelen ergreift, Herzen bricht, Hände zum Handeln bewegt.
»Liebster Jesu, Himmelsmacht, sage mir, wo find ich dich?« In der Kantate gibt Er auf diese Grundfrage des Lebens eine einfache Antwort. »Hier, in meines Vaters Stätte, findet mich ein betrübter Geist. Da kannst du mich sicher finden und dein Herz mit mir verbinden, weil das meine Wohnung heißt.«
Die Himmelsmacht der Liebe hat sich in diesem einen Menschen ganz niedergelassen und hat daraufhin Räume besetzt, die von den Geheimnisworten erfüllt sind. »Gott ist Liebe.« In jedem wirklichen Gottesdienst werden diese Worte zum Leben erweckt, in der Sprache, in den Mauern, in der Musik, in den Herzen. Menschen, die in Triebkonflikte und Gefühlsverwirrungen verstrickt sind, werden von der Himmelsmacht Liebe ergriffen und in ein neues Leben versetzt.

III.

»Gott ist Liebe.« Daß dieses Geheimnis des Lebens wahr ist, dafür hat jeder und jede einen einzigen, unübersehbaren Beweis. Wir sind da. Du bist in dieser Welt. Ich bin in dieser Welt. Wir leben. »Gott hat uns zuerst geliebt.« Wir sind ein kleines Geschöpf in der großen Geschichte des Lebens. Wir sind arme Sünder und Sünderinnen in der Heilsgeschichte der Welt. Wir sind jetzt mit unserem Glück und mit unserem Leid, mit unserer Gottlosigkeit und mit unserem Glauben auf dem Weg jener kleinen Heilsgeschichte, die Gott mit jedem und jeder von uns persönlich geht.
»Liebster Jesu, mein Verlangen, sage mir, wo find ich dich?« Das ist deswegen die entscheidende Frage, weil die Antwort, die unser Bibeltext gibt, ungeheuerlich ist. Er stellt nämlich fest: »Wie er ist, so sind auch wir in dieser Welt.« Auf dem Weg durch das Leben entdecken wir irgendwann das Geheimnis, das wir selber sind. Gewiß Menschen, die in vieler Hinsicht Getriebene sind: auf der Suche nach Geld, Macht und Arbeit, nach sozialer Anerkennung und sexueller Erfüllung. Und gewiß auch Menschen, die in ein ganzes Gefühlsnetz verstrickt sind: in Sympathie und Antipathie, in Trauer und Hoffnung, in Angst und Sehnsucht, in Liebe und Haß. Aber sobald uns die Himmelsmacht der Liebe Gottes erreicht, kommen wir durch alle Triebe und Gefühle hindurch zu uns selbst. Was die Mauern verschweigen und was die Wörter verraten, das erfüllt unsere Herzen, das durchpulst unseren Leib.
»Gott ist Liebe.« – »Wie er ist, so sind auch wir in dieser Welt.«
Das Geheimnis ist groß.

IV.

Das Leben ändert sich, wenn man sein Geheimnis ergriffen hat. Der Blick in die Zukunft wird anders. Das Verhältnis zu den Menschen wird anders. Von diesen Selbstverständlichkeiten ist jetzt noch kurz zu reden.

»Furcht ist nicht in der Liebe.« Unsere Triebe werden zum Teil durch Strafangst im Zaum gehalten. Wir fallen mit unseren positiven und negativen Regungen nicht einfach übereinander her, weil wir Verbote respektieren und angedrohte Maßnahmen fürchten. Und auch wegen unserer Gefühle kann uns immer wieder ein schlechtes Gewissen überfallen. In vielen Situationen sind sie nicht eindeutig, nicht intensiv, nicht stabil genug. Im Kraftfeld der Liebe Gottes läßt man alle Furcht hinter sich, vor den Vorwürfen anderer Menschen, vor dem letzten Gericht. »Wer will uns scheiden von der Liebe Gottes? – Wer will verdammen? – Christus ist hier!«

Diese Himmelsmacht bleibt in vieler Hinsicht verborgen. Sie kann verschwiegen und sie kann zerredet werden. Aber wenn sie Menschen erfaßt und durchdringt, dann kann man sie nicht mehr für sich behalten. »Wenn jemand sagt: Ich liebe Gott –, und haßt seinen Bruder, so ist er ein Lügner.« Die Liebe Gottes gibt es nicht als Privatbesitz, nicht als Kapital, mit dem man wuchern kann, auch nicht als exklusives Band zwischen zwei Menschen. Die Liebe Gottes will weiter fließen. Sie fließt von Christus her in unsere Herzen und treibt Angst und Haß und Gottlosigkeit aus uns aus. Und sie sorgt dafür, daß wir armen Sünderinnen und Sünder für andere Menschen zum Christus werden, unabhängig von Sympathie und Antipathie, jenseits von Zuneigung und Haß. »Wie er ist, so sind auch wir in der Welt.«

Das ist das Gebot, das zum Geheimnis unseres Lebens gehört. Ein Gebot, das eigentlich ganz selbstverständlich ist.

Und die Liebe Gottes, welche höher ist als alle Triebe und alle Gefühle, bewahre unsere Herzen und Sinne in Christus Jesus.

Herr, ewiger und allmächtiger Gott,
unendliche, unerschöpfliche Liebe,
aus der alles Leben kommt,
die alles Leben umgibt,
zu der alles Leben zurückkehrt:
Wir danken Dir.
Wir sind da.
Wir atmen.
Wir loben Deine herrliche Macht.
Wir freuen uns Deiner wunderbaren Schöpfung.
Wir nehmen unser Leben in guten und schlechten Tagen
dankbar aus Deiner Hand.

1. Johannes 4,16-21

*Ewiger Gott, machtvolle Liebe,
gedenke Deiner Geschöpfe,
unserer Brüder und Schwestern,
die leiden:
die vom Krieg heimgesucht sind,
die vom Hunger gequält werden,
die Armut und Krankheit erdulden,
die einsam sind,
die sterben müssen.
Beweise Deine Macht,
schenke Zeichen Deines Erbarmens.*

*Ewiger Gott, machtvolle Liebe,
gedenke Deiner Geschöpfe,
unserer Brüder und Schwestern,
die leiden:
Menschen werden ermordet.
Frauen vergewaltigt.
Kinder geschlagen,
Tiere ausgerottet,
Meere vergiftet.
Rette die Opfer.
Befreie die Täter von ihrem Wahnsinn.
Beweise Deine Macht,
schenke Zeichen Deines Erbarmens.*

*Ewiger Gott, machtvolle Liebe,
gedenke Deiner Geschöpfe,
unserer Brüder und Schwestern,
die leiden:
Wehre allem Kleinglauben in der Kirche.
Segne alle Werke der Fürsorge und der Lebenshilfe,
fördere alles,
was in Wirtschaft und Politik,
in Forschung und Lehre, in Justiz und Verwaltung,
in Schule und Familie
dem Wohl der Menschen dient.
Sorge für Klarheit in den Beziehungen,
für Treue und Vertrauen,
für Freiheit und Vergebung.
Wehre dem Bösen überall in der Welt.
Schaffe Gerechtigkeit unter den Völkern.
Schenke Freiheit und Frieden und Lebensglück.*

*In Deiner Liebe, Herr, sind wir zu Hause.
In Deiner Schöpfung, Herr, folgen wir unserer Berufung.
In Deinem Reich, Herr,
werden wir endgültig zu Dir gehören.
Wir preisen die herrlichen Werke,
die Du geschaffen hast.
Wir staunen über die verschlungenen Wege,
die Du mit uns gehst.
Wir danken für das unergründliche Geheimnis,
mit dem Du unser Leben erfüllst.
Lob und Ehre, Preis und Anbetung
sei Deinem einzigen, unaussprechlichen Namen,
dem Vater und dem Sohn und dem Heiligen Geist,
jetzt und immerdar
und von Ewigkeit zu Ewigkeit.*

Amen.

Die Sprengung der Familienbande

Ihr sollt nicht meinen, daß ich gekommen bin, Frieden auf die Erde zu bringen. Ich bin nicht gekommen, Frieden zu bringen, sondern das Schwert. Denn ich bin gekommen, den Menschen mit seinem Vater zu entzweien und die Tochter mit ihrer Mutter und die Schwiegertochter mit ihrer Schwiegermutter. Und des Menschen eigne Hausgenossen werden seine Feinde sein. Wer Vater oder Mutter mehr liebt als mich, der ist meiner nicht wert; und wer Sohn oder Tochter mehr liebt als mich, der ist meiner nicht wert. Und wer nicht sein Kreuz auf sich nimmt und mir nachfolgt, der ist meiner nicht wert. Wer sein Leben findet, der wird's verlieren; und wer sein Leben verliert um meinetwillen, der wird's finden.

Matthäus 10,34-39

I.

Diese Worte müßten den Verfassungsschutz alarmieren. Jedenfalls hat der Vorsitzende des Rates der EKD das neulich gefordert. Religiöse Führer, die einen Totalanspruch erheben, religiöse Gruppen, die ohne Rücksicht menschliche Bindungen sprengen, sollten staatlicherseits observiert, kontrolliert und notfalls verboten werden.
»Des Menschen eigene Hausgenossen werden seine Feinde sein.« Was das bedeutet, müssen jene erfahren, die in der Gauck-Behörde ihre Stasi-Akten studieren. Der eigene Sohn, der eigene Partner, der eigene Vater hat einen verraten. Eine Welt bricht zusammen, wenn das Vertrauen in den Zusammenhalt der Familie zerstört ist.
»Wer Vater und Mutter mehr liebt als mich, der ist meiner nicht wert.« Voller Schmerzen müssen das jene Eltern hören, deren Kinder in die Fänge fragwürdiger Gruppen geraten sind. Ein Band ist zerrissen, das trotz kleiner und großer Konflikte noch immer bestanden hatte. Und nun soll auf einmal alles zu Ende sein.
»Ich bin gekommen, den Menschen mit seinem Vater zu entzweien und die Tochter mit ihrer Mutter und die Schwiegertochter mit ihrer Schwiegermutter.« Wahrscheinlich brauchen die meisten von uns die Hilfe der staatlichen Stellen gar nicht. Unser eigener, unser innerer Verfassungsschutz hat längst reagiert. So radikal hat Jesus das alles doch gar nicht gemeint. Allenfalls in den Anfängen seiner Bewegung sind solche abrupten Trennungen vorgekommen. Die eigenen Angehörigen haben den Mann aus Nazaret für

verrückt erklärt; »Er ist von Sinnen«, sagen sie Markus 3 lapidar. Und was die Familien der Fischer am See Genezareth von diesem Mann gehalten haben, der ihre Männer und Söhne und Väter um sich scharte, kann man sich leicht ausmalen. Das werden keine sehr freundlichen Gedanken und Gefühle gewesen sein.

Wie schützt man sich gegen einen solchen Text, der alles zerreißt und zerstört? Denn in der Familie geht es um die ganze Gesellschaft. Hier wachsen wir während der Kindheit in die soziale Umwelt hinein. Hier erfahren wir eine Bindung und eine Geborgenheit, die wir in allen künftigen Beziehungen suchen. Wenn die Familienbande aufgesprengt werden, dann sind alle sozialen Bindungen und alle sozialen Werte in Frage gestellt. Dann haben Staat und Gesellschaft, Kirche und Gemeinde, Bildung und Wissenschaft ihre prägende und ihre bergende Kraft verloren.

»Ich bin nicht gekommen, Frieden zu bringen, sondern das Schwert.« Wie schützen wir uns dagegen, daß er alle Bindungen zerschneidet, daß er uns aus aller Geborgenheit reißt, daß er uns zu Verrätern macht?

II.

»Wer Vater oder Mutter mehr liebt als mich, der ist meiner nicht wert.« Man kann in diesem Satz ein Stück psychologische Weisheit der Bibel entdecken. Das ist ja wahr: Mindestens in unserer modernen Gesellschaft werden Menschen nur erwachsen, wenn sie sich durch mehr oder weniger große Konflikte hindurch vom bergenden Elternhaus trennen. Eine selbständige Person kann man nicht werden, einen eigenständigen Weg kann man nicht gehen, wenn man mit den Eltern immer in Frieden zu leben versucht. So könnte der harte Satz Jesu durchaus eine tiefe, hilfreiche Einsicht enthalten. In jedem Lebenslauf müssen die Familienbande aufgesprengt werden, damit die Jungen und die Alten dann wieder frei und offen und versöhnt miteinander auskommen können.

Und braucht nicht auch unsere Gesellschaft einen Menschentyp, der in jeder Hinsicht mobil ist? Es gibt Studienplätze, Lehrstellen, Arbeitsmöglichkeiten – nur nicht da, wo du gerade wohnst. Auch aller Fortschritt in Technik und Wissenschaft setzt voraus, daß man bisherige Lösungen radikal in Frage zu stellen vermag. Man muß sich vom Alten trennen können, um Neues zu finden. Die moderne Welt benötigt Menschen, die den traditionellen Leitbildern, Werten und Normen nicht länger verhaftet bleiben. Sie braucht dazu auch keine revolutionären Trennungsparolen, wie sie Jesus noch formuliert hat. Sie lockt mit Belohnungen, mit Arbeit, mit Aufstieg, mit Geld.

»Wer sein Leben findet, der wird es verlieren; und wer sein Leben verliert, um meinetwillen, der wird es finden.« Jesu Worte sind radikaler, als es jede

gutgemeinte psychologische und soziologische Interpretation wahrhaben will. In ihnen geht es nicht nur um die Trennung von der Familie, nicht nur um die Auflösung überlieferter Werte in Bildung und Wissenschaft. Jesu Worte attackieren uns selbst als Person.
»Ich bin Leben, das leben will, inmitten von Leben, das leben will«, hat Albert Schweitzer die Ehrfurcht vor dem Leben beschrieben und die tiefe Paradoxie, die dazugehört. Unser Text fügt hinzu: Dieses Leben, das leben will, dieses Ich wird Leben nur finden, wenn es sein Leben verliert. Der Weg zu sich selbst führt nicht nur durch Konflikt und Protest, nicht nur durch Abgrenzung und Mobilität. Der Weg zum Leben führt durch ein Sterben hindurch, um Jesu willen.

III.

»Wer sein Leben findet, der wird es verlieren; und wer sein Leben verliert um meinetwillen, der wird es finden.« Das kann und das darf nicht wahr sein, sagen alle Abteilungen im Amt für Verfassungsschutz. Das zerstört die Prägekraft der Gesellschaft, fürchten die Politiker. Das gefährdet die Identität, versichern die Psychologen. Das hebt jedes Wirtschaftssystem aus den Angeln, sagen die Ökonomen. Das ist viel zu gesetzlich, protestieren die evangelischen Theologen. Ich will leben, ich will nicht sterben, sagt jeder und jede von uns.
Was meint Jesus mit seinen bedrohlichen Worten? Wie kommt er dazu, die grundlegende Ordnung von Leben und Sterben in Frage zu stellen?
»Wer sein Leben findet, der wird es verlieren; und wer sein Leben verliert um meinetwillen, der wird es finden.« Was von außen so radikal aussieht, ist seiner inneren Logik nach ganz selbstverständlich. Diese Worte rechnen damit, daß es neben und außerhalb und jenseits der irdischen Verhältnisse noch eine andere Wirklichkeit gibt: die Macht Gottes, die Welt Gottes, das Reich Gottes.
Wenn diese gewaltige Macht in ein Leben eingreift, dann kann es geschehen, daß ein Mann seine Familie verläßt. Dann kann ein Süchtiger gesund werden. Dann kann ein Reicher auf seinen Besitz verzichten. Was Jesus von allen Seelenfängern unterscheidet, ist nicht die Härte der Trennung, die er uns zumutet. Die bleibt keinem von uns im Lauf der Jahre erspart. Es gibt nur einen Unterschied. Jesus will das Geld nicht für sich. Jesus baut kein irdisches Imperium auf. Auch die Kirche darf sich nicht so verstehen. Jesus ruft Menschen zum Leben im Kraftfeld Gottes.
Menschen sind andauernd in Trennungsprozessen begriffen. Um der Selbstfindung willen. Um ihrer Gefühle willen. Um der Karriere willen. Nicht zu vergessen: Des Todes wegen werden wir alles verlassen müssen. So gibt es auch Trennungen, die um Gottes willen notwendig sind. Harte Einschnitte. Grundle-

gende Veränderungen. Freimachende Entdeckungen. Wahrscheinlich liegt der Test unseres Lebens heute auf einem anderen Gebiet. Die Familien sind in der Gegenwart schon labil genug. Vielleicht lautet der Satz in unserem Lebensskript einmal anders. »Wer das Geld mehr liebt als mich« – »Wer die Organisation Kirche mehr liebt als mich« – »Wer die Wissenschaft mehr liebt als mich« – »Wer ein gesichertes Leben mehr liebt als mich« – »Wer seine Idealbilder mehr liebt als mich.« Irgendwann schlägt für jeden und jede von uns die Stunde, in der uns eine Variation des Rufes Jesu erreicht.

Jesus selbst weiß, wovon hier die Rede ist. Er hat die harte Trennung um Gottes willen zweimal vollzogen. Er hat seine Familie verlassen, um sich dem Täufer Johannes anzuschließen. Und er hat sich dann auch von seinem religiösen Lehrer getrennt und einen eigenen Jüngerkreis gesammelt. Am Ende war sein Trennungsweg so radikal, daß er mit dem Segen der Religion der Schwertmacht des Staates zum Opfer fiel. »Wer sein Kreuz nicht auf sich nimmt und mir nachfolgt, der ist meiner nicht wert.«

»Mein Gott, mein Gott, warum hast du mich verlassen?«

Am Ende, durch alle Verstrickungen und Trennungen hindurch, stimmt jener Satz, den in der Heimkehr-Geschichte Jesu der Vater spricht: »›Dieser mein Sohn war tot und ist wieder lebendig geworden, er war verloren und ist wiedergefunden worden‹. Und sie fingen an, fröhlich zu sein.«

Herr, ewiger und allmächtiger Gott.
Wir danken Dir für Dein hartes und heilsames Wort.
Du reißt uns heraus
aus ungeklärten Verhältnissen,
aus quälenden Bindungen,
aus dunklen Anfechtungen,
aus allem, was uns ängstlich und müde und lieblos macht.
Sei Du mit uns, wenn unsere Stunde schlägt.
Gib uns Kraft zur Einsicht und Mut zur Entscheidung.
Führe uns den Weg in Dein Reich.

Herr, Du bist die Quelle des Lebens,
und in Deinem Licht gewinnen wir Klarheit.
So bitten wir Dich für alle,
die in Grenzsituationen und Krisen geraten sind:
für die Süchtigen, daß sie frei werden,
für die Verzweifelten, daß sie Trost finden,
für die Trauernden, daß sie Hoffnung haben,
für die Kranken, daß sie gesund werden,
für die Sterbenden, daß sie Frieden finden,
für die Zerstrittenen, daß sie Lösungen finden,

*für die Hungernden und Armen und Arbeitslosen,
für Menschen auf der Straße und Menschen im Krieg,
daß ihnen allen geholfen wird.*

*Herr, Du bist die Quelle des Lebens,
und in Deinem Licht gewinnen Menschen Klarheit.
Wir bitten Dich auch für alle,
die Verantwortung tragen und Entscheidungen treffen müssen:
in Wirtschaft und Politik,
in Kultur und Wissenschaft,
in Therapie und Pflege,
in Justiz, Verwaltung und Polizei.
Befördere die Gerechtigkeit,
sorge für Weisheit,
bringe den Frieden voran,
wehre dem Eigennutz und allem Mißbrauch von Macht.*

*Herr, Du bist die Quelle des Lebens,
und in Deinem Licht sehen wir das Licht.
Deshalb bitten wir Dich für alle,
die Du in die Nachfolge rufst:
daß sie Dein Wort annehmen
und ihrer Berufung treu bleiben.
Den Suchenden weise den Weg zu Dir.
Den Glaubenden steh in ihrer Anfechtung bei.
Die Kirchen reiße aus ihrer Wankelmütigkeit.
Die Schöpfung rette aus aller Gefahr.
Unser unruhiges Herz mache fest
im Vertrauen auf Dich,
in der Liebe zu anderen Menschen.*

*Du, Herr, kennst unsere Angst.
Du, Herr, weißt unseren Weg.
Du, Herr, führst uns zum Ziel.*

*Deshalb gebührt Dir allein
Ruhm und Ehre, Preis und Anbetung,
den ewigen und einzigen Gott,
dem Vater und dem Sohn und dem Heiligen Geist
jetzt und immerdar
und von Ewigkeit zu Ewigkeit.*

Amen.

Vergehen

Himmel und Erde werden vergehen; meine Worte aber werden nicht vergehen. Von dem Tage aber und der Stunde weiß niemand, auch die Engel im Himmel nicht, auch der Sohn nicht, sondern allein der Vater.
Gebt acht, seid wachsam! denn ihr wißt nicht, wann die Zeit da ist. So wie ein Mensch, der über Land zog und sein Haus verließ und seinen Knechten ihre Arbeit zuwies, für die sie Vollmacht bekamen, und dem Türhüter gebot, er sollte wachen: so seid nun wachsam; denn ihr wißt nicht, wann der Herr des Hauses kommt, ob am Abend oder zu Mitternacht oder um den Hahnenschrei oder am Morgen, damit er euch nicht schlafend findet, wenn er plötzlich kommt. Was ich aber euch sage, das sage ich allen: Seid wachsam!

Markus 13,31-37

Das ist das Gesetz unseres Lebens.
Das ist das Evangelium Gottes.
Und dazwischen gibt es ein abgründiges Geheimnis.

I.

»Gebt acht! Seid wachsam!« Am Ende des Kirchenjahres, zwischen Totensonntag und 1. Advent ertönt in den christlichen Kirchen ein Weckruf. An der Grenze des Lebens, an der Schwelle des Todes werden Menschen zur Wachsamkeit aufgefordert.
Offensichtlich gibt es in dieser Zeit Wahrheiten zu entdecken, die schwer erträglich sind. Wir werden mit einer Wirklichkeit konfrontiert, die wir am liebsten vergessen möchten. Und deshalb ertönt dieser Ruf. »Gebt acht! Seid wachsam!«
Die meisten von uns haben persönliche Strategien entwickelt, um dem Schrecklichen, dem Unheimlichen zu entgehen. Nichts sehen! Nichts hören! Nichts wissen wollen! Hinter den vielfältigen Formen der Betäubung, die wir uns gönnen, steckt eine große Angst vor Wirklichkeiten, die uns bedrohen. Auch die Institution, in der die meisten von uns ihre Arbeit tun, auch die Universität hat ihre Strategien, um die Grenzen der Vergänglichkeit zu verschieben. Die Natur erforschen, Krankheiten beseitigen, Vergangenheiten verstehen – auch das alles ist ein Versuch, um dem Sog des Vergänglichen zu entfliehen. Schließlich steht auch die Kirche immer wieder in

der Gefahr, uns die harte Wirklichkeit des menschlichen Daseins aus bestem Willen heraus zu ersparen. Sie vermeidet Zumutungen, sie fördert Verschleierung. Sie bietet statt harter Erbauung oft seichte Unterhaltung.
Wir sollen wach werden und wach bleiben. Weil etwas Erschreckendes auf uns zukommt, vor dem alle am liebsten die Augen verschließen möchten. Wir wissen nicht alles, und wir werden nicht alles wissen. Gerade deshalb sollen wir wachsam sein.

II.

Das Gesetz des Lebens ist allen bekannt: »Himmel und Erde werden vergehen.« Und zwar gilt das nicht nur für einen fernen letzten Tag in der Weltgeschichte. Das passiert schon heute. Das läuft ab auch in diesen Minuten. »Himmel und Erde vergehen.« Am heutigen Totensonntag trauern viele um Menschen, die im letzten Jahr von ihnen gegangen sind. Unwiderruflich, unwiederbringlich. Pläne, Hoffnungen, Lebensentwürfe sind zerbrochen. Idealbilder wurden zerstört. Wir selbst sind in den Vergehensprozeß des Lebens einbezogen. Mit der himmlischen und mit der irdischen Welt vergehen auch wir.
Allmählich erkennen wir auch: Wenn wir dieses Lebensgesetz verändern wollen, beschleunigen wir es nur. »Die Natur schlägt zurück«, hat Hubert Markl diesen Zusammenhang formuliert. Das Kranksein wird unbezahlbar. Das Leben wird nicht glücklicher, wenn wir im Altenheim landen. Was wir auch tun, wir werden der Härte des Lebensgesetzes niemals entrinnen.
Manchen Menschen geht es so schlecht, daß dieses Gesetz im Augenblick ihre einzige Hoffnung ist. Mit allen Fasern ihres geschändeten und gequälten Leibes wünschen sie das Ende ihres Lebens herbei. Für viele andere ist dieses Gesetz hart, unerträglich, herzzerreißend. Weil es erbarmungslos unsere Endlichkeit feststellt.

III.

Was sagt das Evangelium Gottes dazu? »Meine Worte aber werden nicht vergehen.« Inwiefern soll das gelten?
Die Einsichten eines jungen Handwerkers aus Palästina sind nicht besonders tiefsinnig. In ästhetischer Hinsicht sind sie eher schlicht dargeboten. Weil sie von der Kultur des Volkes geprägt sind, wirken sie in mancher Hinsicht freilich sehr überzeugend. Aber das dürfte nicht der entscheidende Grund dafür sein, daß diese Worte dem Gesetz der Vergänglichkeit entzogen sein sollen.
Unsere Worte stammen in der Regel aus der irdischen Welt. Sie erwachsen aus der Naturbeobachtung, aus der Menschenwahrnehmung, aus dem Ein-

blick in die verborgenen Gesetzmäßigkeiten des Lebens. Wenn wir Glück haben, dann haben wir ausnahmsweise auch einen Gedanken, der als ein Einfall von oben zu kommen scheint. Die Worte Jesu dagegen sollen aus einer Sphäre stammen, die die Grenzen von Himmel und Erde weit übersteigt. Worin besteht ihre Kraft?
Man kann und man muß es ganz einfach formulieren. Diese Worte ergreifen. Mit der Kraft dieser Worte werden Menschen in der Trauer getröstet. Durch die Kraft dieser Worte werden Menschen durch schreckliche Lebenskrisen getragen. In der Kraft dieser Worte können Menschen ins Sterben gehen und das Zeitliche segnen.
Das ist das Evangelium Gottes. In der vergänglichen Welt ergreifen uns Sätze, die uns Mut zum Leben und Mut zum Sterben vermitteln.

IV.

Zwischen dem Gesetz des Lebens und dem Evangelium Gottes gibt es ein abgrundtiefes Geheimnis. »Von dem Tage aber und der Stunde weiß niemand, auch die Engel im Himmel nicht, auch der Sohn nicht, sondern allein der Vater.« Für eine Offenbarungsrede ist dies ein äußerst extremer Satz. Hier wird etwas angesprochen, was kein Mensch wissen kann, was auch kein Engel wissen kann, was auch der Offenbarer selber nicht wissen kann.
Es geht um den Augenblick, in dem alles aufhört. Auch am Ende gibt es den Abgrund zwischen dem Sein und dem Nichts. So wie es am Anfang den Abgrund gegeben hat zwischen dem Nichts und dem Sein. Gott hat die Welt aus dem Nichts ins Dasein gerufen. Gott wird das Dasein wieder ins Nichts zurückschicken. Das ist das letzte Geheimnis. Das Sein und die Zeit und das Nichts. Es ist in der Unergründlichkeit Gottes gut aufgehoben.
Deshalb ist das alles erträglich. Daß jeder und jede von uns einmal vernichtet wird. Daß auch der Sohn Gottes, wie das nächste Kapitel bei Markus erzählt, in die Vernichtung geraten ist. Daß schließlich auch Himmel und Erde der Vernichtung wieder anheim fallen werden.
Wir Menschen müssen nicht alles wissen. Das ist genug: »Himmel und Erde werden vergehen; meine Worte aber werden nicht vergehen.«
Die ersten Christen haben auf diese Botschaft mit einer Bitte geantwortet, die an jedes Ende gehört: Es vergehe die Welt. Es komme dein Reich.

> *Herr, ewiger und allmächtiger Gott.*
> *Wir danken Dir,*
> *daß Dein heilsames Wort uns nüchtern und wach macht.*
> *Wir danken Dir,*

*daß wir in dieser vergänglichen Welt leben
und aus allem vergänglichen Wesen weggehen dürfen.
Aus Erde sind wir gemacht.
Zu Erde werden wir wieder werden.
Dein Wort wird uns in Deine Herrlichkeit rufen.*

*Es vergehe die Welt. Es komme Dein Reich.
Dein Reich komme zu allen,
die Trauer tragen,
die sich trennen müssen von Menschen,
die Abschied nehmen müssen
von Träumen und Plänen, von Hoffnungen und Lebensentwürfen,
die krank sind, einsam und verzweifelt,
die unsäglich leiden, die unerhört schreien,
die endlos Tränen vergießen.
Deine Kraft erfülle sie,
daß sie neu anfangen können,
im Leben und im Sterben.*

*Es vergehe die Welt. Es komme Dein Reich.
Dein Reich komme zu allen,
die auf dieser vergänglichen Erde Verantwortung tragen.
Daß sie für andere sorgen und nicht nur für sich selber.
Daß sie dem Leben dienen und nicht dem Tod.
Daß sie Dich fürchten und Dein Gericht
und ihre Macht nicht mißbrauchen.*

*Es vergehe die Welt. Es komme Dein Reich.
Dein Reich komme zu allen,
die Deinen Namen bekennen
und zu Deiner Gemeinde gehören.
Daß sie Dein Wort unverfälscht weitergeben.
Daß sie die Hochmütigen zur Rede stellen
und die Trauernden und Verzweifelten trösten.
Daß sie sich von Stärke nicht täuschen
und von Verblendung nicht anstecken lassen.
Laß uns alle
in der Dunkelheit wach,
in der Panik nüchtern,
in den Augenblicken des Nichts mutig sein.*

*Herr, ewiger und allmächtiger Gott.
Unsere Zeit steht in Deinen Händen.*

Durch die Jahrtausende hin sind wir nicht gewesen.
Du bist von Ewigkeit.
Durch die Jahrtausende hin werden wir nicht sein.
Du bleibst in Ewigkeit.
In jedem Augenblick erfahren wir Deine Gnade.
Mit jedem Atemzug loben wir Deine Macht.
Mit jedem Schritt gehen wir in Dein Reich.
Ehre, Preis und Anbetung sei Dir,
dem ewigen und allmächtigen und einzigen Gott,
dem Vater und dem Sohn und dem Heiligen Geist,
jetzt und immerdar
und von Ewigkeit zu Ewigkeit.

Amen.

Gottesgeburten

Im sechsten Monat wurde der Engel Gabriel von Gott in eine Stadt in Galiläa gesandt, die Nazaret heißt, zu einer Jungfrau; die war mit einem Mann mit Namen Josef vom Hause David verlobt; diese Jungfrau hieß Maria. Und der Engel trat bei ihr ein und sprach: Sei gegrüßt, du Begnadete! Der Herr ist mit dir! Sie aber erschrak über dies Wort und dachte: Was für ein Gruß ist das? Und der Engel sprach zu ihr: Fürchte dich nicht, Maria, du hast Gnade bei Gott gefunden. Siehe, du wirst schwanger werden und einen Sohn gebären, den sollst du Jesus nennen. Der wird groß sein und Sohn des Höchsten genannt werden; und Gott der Herr wird ihm den Thron seines Vaters David geben, und er wird über das Haus Jakob ewig König sein, und sein Reich wird kein Ende haben.
Da sagte Maria zu dem Engel: Wie soll das geschehen, da ich doch von keinem Mann weiß? Der Engel antwortete ihr: Der heilige Geist wird über dich kommen, und die Kraft des Höchsten wird dich überschatten; darum wird auch das Kind heilig genannt werden und Gottes Sohn. Und siehe, auch Elisabet, deine Verwandte, ist mit einem Sohn schwanger in ihrem Alter und ist bereits im sechsten Monat, obwohl man sie für unfruchtbar hielt. Denn bei Gott ist nichts unmöglich. Maria aber sagte: Siehe, ich bin des Herrn Magd; mir geschehe, wie du gesagt hast. Und der Engel verließ sie wieder.

Lukas 1,26-38

I.

Es geschah in Galiläa, in einer Stadt, die Nazaret heißt.
Religiöse Texte sind manchmal ganz schön gemein. Sie stellen Auslegungsfallen auf. Sie verführen zu sinnlosen Fragen. Sie verwickeln in endlose Diskussionen. Sie verlocken zu Bekenntnissen über biologische Sensationen und lösen dann irgendwann Gegenbekenntnisse aus und sagen doch selbst etwas anderes.
Fromme Menschen wollen die Bibel verteidigen, wenn sich der Gemeingeist der Philosophen und Theologen, der Naturwissenschaftler und Historiker über sie hermacht. Aber heilige Schriften geraten nicht in die Rolle von Opfern. Sie lassen sich vieles gefallen. Aber sie spielen auch selber Versteck. Wenn Gott zur Welt kommt, wird niemand und nichts vergewaltigt. Die Texte reagieren manchmal verwundert wie alte Engel, die lange nicht

auf der Erde waren. Oder wie kichernde Mädchen, die etwas vom Leben zu begreifen beginnen. Aber sie beherrschen auf jeden Fall die hohe Kunst der Diplomatie. Sie berichten viel und verraten sehr wenig.
Das reicht auch. Wer Ohren hat zu hören, der hört.

II.

Es geschah in Galiläa, in einer Stadt, die Nazaret heißt. »Die Gnade unseres Herrn Jesus Christus und die Liebe Gottes und die Gemeinschaft des Heiligen Geistes sei mit uns allen.« Der Bote Gottes grüßt die Jungfrau Maria: »Sei gegrüßt, du Begnadete! Der Herr ist mit dir!«
Gabriel steht gewöhnlich am Räucheraltar, in der Nähe des göttlichen Thrones. Wenn er auf der Erde erscheint, gewinnen die Menschen an Klarheit. So berichtet Daniel in seinem Prophetenbuch, der Engel Gabriel sei während des Betens zu ihm herangeflogen: »Und er unterwies mich und redete mit mir und sprach: Daniel, jetzt bin ich ausgegangen, um dir zum rechten Verständnis zu helfen« (Daniel 9,22).
Manchmal sorgt der Einfall des Engels zunächst für Verwirrung. Maria, die unberührte, die reine Seele, erschrickt über den Gottesgruß. Sie erlebt etwas, mit dem sie überhaupt nicht gerechnet hat. Ihr widerfährt etwas, das ihr Leben von Grund auf verändert. Heimsuchung durch einen unangemeldeten, unbegreiflichen, unheimlichen Gast. Gott rührt sie an.
Maria ist in dieser Situation nicht allein. Es gibt andere Menschen, in der Nähe und in der Ferne, denen ähnliches zustößt. Elisabet, die Lebenserfahrene und vom Leben Enttäuschte, hat lange auf diesen Moment gewartet. Ist in die Kirche gelaufen. Hat Therapeuten und Esoteriker aufgesucht. Und wird es nun endlich erfahren. Wenn das Wunder geschieht, stellen sich Angst und Beklemmungsgefühle ein. »Fürchte dich nicht, du hast Gnade bei Gott gefunden!«

III.

Es geschah in Galiläa, in einer Stadt, die Nazaret heißt.
Maria bekommt etwas zu hören. Das erfüllt ihren Leib. Vom Ohr in den Körper. Vom Kopf in den Bauch. Das ist hier mehr als ein Entwicklungsprozeß. Erst die Schulung der Gedanken. Dann die Entdeckung der Gefühle. Hier wird nicht nur verstanden. Hier wird nicht nur erlebt. Hier wird befruchtet.
»Siehe, du wirst schwanger werden und einen Sohn gebären, den sollst du Jesus nennen. Der wird groß sein und Sohn des Höchsten genannt werden; und Gott der Herr wird ihm den Thron seines Vaters David geben,

Lukas 1,26-38

und er wird über das Haus Jakob ewig König sein und sein Reich wird kein Ende haben.«
In Maria wird etwas wachsen, das größer ist als die ganze Welt. In den Tiefen ihres Leibes nistet sich neues Leben ein. Der Sohn des Höchsten. Aus uraltem Königsgeschlecht. Bestimmt zur ewigen Herrschaft. König der Könige. Im Reich ohne Ende.

IV.

Es geschah in Galiläa, in einer Stadt, die Nazaret heißt. Maria. Elisabet.
Wie ist das möglich, daß eine unberührte oder eine lebenserfahrene Seele so aufgewühlt wird? Ohne Liebkosungen. Ohne Leidenschaft.
»Heiliger Geist wird über dich kommen, und die Kraft des Höchsten wird dich überschatten; darum wird auch das Kind heilig genannt werden und Gottes Sohn.«
Gottes Geist schwebt über der Gottesgebärerin. Keine Zudringlichkeit. Keine Gewalt. In der erfrischenden Kühle des Schattens wirkt Gottes Kraft. Das Wort einmal gehört. Es sinkt immer tiefer und tiefer. Es beginnt im Körper zu wachsen und verändert die ganze Welt. Eine Abtreibung ist hier nicht möglich. Keine Engelmacherin kann helfen. Wenn der Engel Gottes erschienen ist.
Das Wunder wirkt. Gott kommt zur Welt. In Nazaret beginnt der Advent.

V.

Es geschah in Galiläa, in einer Stadt, die Nazaret heißt.
»Wahrhaft würdig und recht, billig und heilsam ist es, daß wir dir, heiliger Herr, allmächtiger Vater, ewiger Gott, alle Zeit und allenthalben Dank sagen durch Christus, unseren Herrn. Durch welchen deine Majestät loben die Engel, anbeten die Herrschaften, fürchten die Mächte, die Himmel und aller Himmel Kräfte samt den seligen Seraphim mit einhelligem Jubel dich preisen.«
Gabriel, der Engel der Verkündigung, der Engel der Klarheit ist immer dabei.
Nimm hin und iß. Nimm hin und trink. Vom Kopf in den Bauch.
»Maria aber sagte: Siehe, ich bin des Herrn Magd; mir geschehe, wie du gesagt hast.«

Amen.

»Wir sind Bettler«

Rufe getrost, halte nicht an dich! Erhebe deine Stimme wie eine Posaune und verkündige meinem Volk seine Abtrünnigkeit und dem Hause Jakob seine Sünden! Sie suchen mich täglich und begehren, meine Wege zu wissen, als wären sie ein Volk, das die Gerechtigkeit schon getan und das Recht seines Gottes nicht verlassen hätte. Sie fordern von mir Recht, sie begehren, daß Gott sich nahe. »Warum fasten wir, und du siehst es nicht an? Warum kasteien wir unseren Leib, und du willst's nicht wissen?« – Siehe, an dem Tag, da ihr fastet, geht ihr doch euren Geschäften nach und bedrückt alle eure Arbeiter. Siehe, wenn ihr fastet, hadert und zankt ihr und schlagt mit gottloser Faust drein. Ihr sollt nicht so fasten, wie ihr jetzt tut, wenn eure Stimme in der Höhe gehört werden soll. Soll das ein Fasten sein, an dem ich Gefallen habe, ein Tag, an dem man sich kasteit, wenn ein Mensch seinen Kopf hängen läßt wie Schilf und in Sack und Asche sich bettet? Wollt ihr das ein Fasten nennen und einen Tag, an dem der Herr Wohlgefallen hat?
Das aber ist ein Fasten, an dem ich Gefallen habe: Laß los, die du mit Unrecht gebunden hast, laß ledig, auf die du das Joch gelegt hast! Gib frei, die du bedrückst, reiß jedes Joch weg! Brich dem Hungrigen dein Brot, und die im Elend ohne Obdach sind, führe ins Haus! Wenn du einen nackt siehst, so kleide ihn, und entzieh dich nicht deinem Fleisch und Blut! Dann wird dein Licht hervorbrechen wie die Morgenröte, und deine Heilung wird schnell voranschreiten, und deine Gerechtigkeit wird vor dir hergehen, und die Herrlichkeit des Herrn wird deinen Zug beschließen. Dann wirst du rufen, und der Herr wird dir antworten. Wenn du schreist, wird er sagen: Siehe, hier bin ich.
Jesaja 58,1-9a

I.

»Wir sind Bettler. Das ist wahr!« Der diese Worte zwei Tage vor seinem Tod niedergeschrieben hat, blickte auf ein reiches, auf ein gewaltiges Leben zurück. Er hatte das Wort Gottes in der Heiligen Schrift neu entdeckt und an sein Volk weitergegeben. Er hatte die Gestalt der Kirche und das Leben der Christen und Christinnen von Grund auf verändert. Ja er hatte auch auf die politischen und die gesellschaftlichen Verhältnisse seiner Zeit, mehr indirekt als bewußt und gezielt, Einfluß gewonnen. Die Welt, die Martin Luther am 18. Februar 1546 endlich verlassen durfte, war während seines Lebens und durch sein Leben anders geworden.

Jesaja 58,1-9a

»Wir sind Bettler.« Wenn wir in unserer Zeit diese Worte über die Lippen bringen, dann sind sie meistens nicht wahr. Eigentlich müßten wir sagen: Wir sind faul und feige, ängstlich und kleingläubig. Wir sind Bettler? Wir haben nichts? Wir können nichts tun? Wenn man von Luthers Leben her an den heutigen Predigttext herangeht, dann wird sehr schnell deutlich, daß wir nichts tun *wollen*. Das sanft lebende Fleisch mißbraucht die Lehre von der Rechtfertigung, solange es die Kosten der Heiligung scheut.
Die Worte der Bibel sind klar. Die Lage der Menschen ist unübersehbar. Der alte Text aus dem Prophetenbuch mutet uns zu, auf alles unechte Bettlergehabe zu verzichten und um Gottes willen etwas Tapferes zu tun.

II.

»Rufe getrost, halte nicht an dich! Erhebe deine Stimme wie eine Posaune und verkündige meinem Volk seine Abtrünnigkeit und dem Hause Jakob seine Sünden!«
Der Mönch, der Professor in Wittenberg, hat keine Meinungsumfragen durchgeführt und keine Stimmungsbilder entworfen. Er hat keine Marketingkonzepte und keine Werbekampagnen entwickelt. Dafür ist sein Widerpart Tetzel zuständig gewesen. Luther hat dem Volk aufs Maul geschaut. Aber er hat ihm niemals, auch in den kritischsten Situationen nicht, nach dem Mund geredet.
Sag das, was du zu sagen hast. Ohne Angst vor den hohen Herren in Kirche und Staat. Ohne Sorge um dein eigenes Geschick. Auch ohne Furcht um die Zukunft der Kirche. Wenn Luther seine Erfolgsaussichten so kalkuliert hätte wie die Kirche, die seinen Namen trägt, dann wäre das Luthertum nie entstanden.
Der Auftrag ist klar. Es geht um den Ruf in die Buße. Umkehr ist angesagt. Reformation.
»Sie suchen mich täglich und begehren meine Wege zu wissen, als wären sie ein Volk, das die Gerechtigkeit schon getan und das Recht seines Gottes nicht verlassen hätte.«
Menschen sind nicht deswegen Christen, weil sie sich so nennen. Und Institutionen sind nicht schon dann Kirche, wenn sie sich selbst so bezeichnen. Zum Leben in der Gottesgemeinschaft gehört jeden Tag neu die Hinwendung zu Gott. Buße, das heißt: tägliche Trennung von den Gesetzen des Lebens, tägliches Vertrauen gegenüber dem gnädigen und mächtigen Gott.
Dann wird auch das möglich, was dem Propheten befohlen ist und was der Kirche in der Gegenwart so unendlich schwer fällt: »Rufe getrost, halte nicht an dich! Erhebe deine Stimme wie eine Posaune!« Keine ängstliche Zurückhaltung zählt dann mehr, kein furchtsam diplomatisches Sowohl-als-auch.

Gottes Wort ist klar und eindeutig. Deshalb will es lautstark weitergegeben werden.

III.

»Wir sind Bettler!« Diese Parole in unserem Mund wäre schon deswegen eine Anmaßung, weil es real existierende, real vegetierende Bettler gibt und weil ihre Zahl ständig zunimmt.

»Brich dem Hungrigen dein Brot, und die im Elend ohne Obdach sind, führe ins Haus! Wenn du einen nackt siehst, so kleide ihn, und entzieh dich nicht deinem Fleisch und Blut!«

Ein großes soziales Anliegen der Lutherschen Reformation hat darin bestanden, das Bettlerwesen in den Städten und Gemeinden einzudämmen. Luther selbst hat sich nicht gescheut, dazu ganz konkrete Maßnahmen vorzuschlagen, übrigens auch auf Kosten kirchlicher Feiertage. Bettler muß und Bettler darf es nicht geben in einer Gesellschaft, in deren Mitte das Wort Gottes laut wird.

Wenn die beiden großen Konfessionen sich heute zu sozialpolitischen Entwicklungen äußern, dann hat sich vieles geändert. Dann stoßen sie keine lauten Warnsignale aus wie die Posaune. Dann geben sie zu bedenken und mahnen und warnen auch vorsichtig vor möglichen Gefahren, etwa vor einer Wiederholung der Weimarer Zeit.

Und auch die Schwierigkeiten sind größer geworden. Jede Tagesschau meldet neue Entlassungen. Die Parlamente im Bund und in den Ländern haben ständig Kürzungen zu beschließen. Die Entwicklungen, die Menschen in Arbeitslosigkeit und Obdachlosigkeit und Armut treiben, sind durch kommunale und selbst durch nationale Maßnahmen nicht mehr einfach zu stoppen. Jedenfalls versichern das die Experten: Das Kapital will Erträge. Die Geldströme fließen dorthin, wo die sozialen Nebenkosten möglichst gering ausfallen. Und durch die Globalisierung der Märkte entsteht weltweit eine Tendenz, die soziale Errungenschaften in Frage stellt und Prozesse der Verarmung befördert. Das ist so. Das muß man ganz nüchtern sehen.

»Verkündige meinem Volk seine Abtrünnigkeit und dem Hause Jakob seine Sünden!« Luther weist im »Großen Katechismus« auf den Götzendienst hin, dem die Menschen meistens verfallen. Sie vertrauen auf Mammon, auf Geld und Gut. »Das ist ja auch der allergewöhnlichste Abgott auf Erden. Wer Geld und Gut hat, der weiß sich in Sicherheit und ist fröhlich und unerschrocken, als sitze er mitten im Paradies; und umgekehrt, wer keins hat, der zweifelt und verzagt, als wisse er von keinem Gott. Man wird ja ganz wenig Leute finden, die guten Muts sind und weder trauern noch klagen, wenn sie den Mammon nicht haben; das klebt und hängt der menschlichen Natur an bis ins Grab.«

IV.

»Wir sind Bettler?« Nein. Wir sind Gefangene. Wir sind von den Angeboten des Marktes so fasziniert, daß die prophetische und die reformatorische Kritik an der Fastenpraxis bei den meisten unter uns ins Leere stößt.
Wir fasten nicht. Wir konsumieren. Auch Gott. Auch in der Religion. Und wenn Menschen in der Gegenwart etwas Derartiges praktizieren, dann geht es dabei in der Regel nicht um die Beziehung zu Gott. Dann geht es um den Gewinn von Gesundheit und um die Bewährung der eigenen Freiheit. »Sieben Wochen ohne!« Ich kann, wenn ich will, auch verzichten. Ich bin kein Knecht und kein Sklave. Ich bin den Zwängen des Konsumierens nicht unterworfen.
Worin würde denn für die Gefangenen des Marktes wirkliche Freiheit bestehen? Wann könnten Christen aufhören mit ihrer Anpassung an die Gesetze der Zeit? Wann könnte auch die Kirche aufhören mit den Werbefeldzügen und den Sonderangeboten? Wie würde ein Fasten aussehen, das in der Buße besteht? Das sich vom Gesetz der Welt trennt und zum Gott des Evangeliums flieht?
»Dann wird dein Licht hervorbrechen wie die Morgenröte, und deine Heilung wird schnell voranschreiten, und deine Gerechtigkeit wird vor dir her gehen, und die Herrlichkeit des Herrn wird deinen Zug beschließen. Dann wirst du rufen, und der Herr wird dir antworten. Wenn du schreist, wird er sagen: Siehe, hier bin ich.« Das ist die große Prozession der Befreiung. Das ist die Gegenwart der Fülle Gottes. Von oben das Licht der Erleuchtung. Vorneweg der Sieg der Gerechtigkeit. Im Rücken die Kraft und die Herrlichkeit der heiligen Macht.
Die einzige Alternative zur Mammonsherrschaft ist der Leib Christi. Dort zählen nicht das Sammeln und das Haben, das Besitzen und das Verbrauchen, und im Untergrund lauert dort nicht die Angst vor dem Bettlerdasein. Im Leib Christi ist die Fülle Gottes vorhanden. Dort fließen die Ströme anders. Nicht wie beim Geld immer mehr zu den Reichen. Dort fließt die Gnade aus dem Reichtum Gottes in die Armut der verlorenen Menschen. Dort wird man arm an Sünde und reich an Gnade, arm an Selbstsucht, reich an Opferbereitschaft. Dort lernt man annehmen und teilen und geben ohne Angst vor dem Lebensverlust.
Die »Freiheit eines Christenmenschen« hat Luther deshalb so zusammengefaßt: »Aus dem allem folgt der Schluß, daß ein Christenmensch nicht in sich selbst lebt, sondern in Christus und in seinem Nächsten: in Christus durch den Glauben, im Nächsten durch die Liebe. Durch den Glauben fährt er aufwärts zu Gott, von Gott fährt er wieder abwärts durch die Liebe und bleibt doch immer in Gott und der göttlichen Liebe. Es ist, wie Christus Johannes 1,51 sagt: ›Ihr werdet noch den Himmel offen stehen sehen und die Engel auf- und absteigen über des Menschen Sohn.‹ – Sieh, das ist

die rechte, geistliche, christliche Freiheit, die das Herz von allen Sünden, Gesetzen und Geboten frei macht. Sie überragt alle andere Freiheit wie der Himmel die Erde. Gott gebe uns, daß wir sie recht verstehen und festhalten! Amen.«

Herr, ewiger und allmächtiger Gott.
Wir danken Dir für das Licht aus der Höhe.
Dein herrliches Evangelium befreit Menschen
aus aller Abhängigkeit.
Dein Heiliger Geist treibt Männer und Frauen
zum Zeugnis des Glaubens.
Dein ewiges Reich bewegt uns
auf unserem Weg durch das Leben,
auf unserer Wanderschaft zu Dir.

Weil Du ein Gott der Freiheit bist,
der sich der Armen erbarmt und die Niedrigen rettet,
bitten wir Dich für alle,
die im Elend leben,
die ohne Arbeit, ohne Obdach, ohne Heimat ihr Leben fristen,
für die Hungernden und die Frierenden,
für die Kinder ohne Eltern,
für die Alten ohne Familie,
für alle, die ausgebeutet werden,
damit wir in Wohlstand leben.
Herr, erbarme Dich.

Weil Du ein Gott der Freiheit bist,
der sich der Schwachen erbarmt und die Ratlosen zur Umkehr ruft,
bitten wir Dich für alle,
die in Glück und Reichtum leben.
Laß uns dankbar empfangen,
selbstverständlich teilen,
großzügig weitergeben.
Sei mit denen, die hier und überall
Menschen zu helfen versuchen.
Stärke ihre Kraft.
Ermutige sie in Enttäuschungen.
Segne ihren Einsatz.

Weil Du ein Gott der Freiheit bist,
der Menschen aus der Macht der Sünde herausreißt,

bitten wir Dich für alle,
die auf bösem und gottlosem Wege sind,
die ihre Seele verkauft haben,
die andere Menschen für eigene Zwecke mißbrauchen,
die die Schöpfung vergiften,
die Kriege anzetteln und Menschen foltern.
Reiße sie aus aller Verblendung,
erfülle sie mit Angst vor Deinem Gericht,
erweiche ihr steinernes Herz.

Weil Du ein Gott der Freiheit bist,
dessen Wort klar und dessen Wahrheit eindeutig ist,
bitten wir Dich für die Kirche in aller Welt,
daß sie Menschenfurcht und Zukunftsangst überwindet,
daß sie auf eigene Gesetze verzichtet
und Deinem Evangelium dient,
daß sie dem Ruf in die Buße nicht ausweicht,
daß sie sich öffnet für alle,
die Dich suchen,
die Halt brauchen,
deren Leben neu werden soll.

Du, Herr, ewiger und allmächtiger Gott,
hast uns aus dem Nichts ins Leben gerufen.
Du, Herr, ewiger und allmächtiger Gott,
nimmst alle Schuld und Angst von uns weg
und füllst uns mit Deiner Kraft.
Du, Herr, ewiger und allmächtiger Gott,
führst uns durch Glück und Leid,
durch Kreuz und Tod in Dein Reich.
Dir, dem einzigen Gott,
Dir, dessen Macht gewaltig und dessen Gnade unermeßlich ist,
Dir, dem Vater und dem Sohn und dem Heiligen Geist,
sei Ruhm und Ehre, Preis und Anbetung,
jetzt und immerdar
und von Ewigkeit zu Ewigkeit.

Amen.

Das Geheimnis des Messias

Nach sechs Tagen nahm Jesus Petrus, Jakobus und Johannes mit sich und führte sie auf einen hohen Berg, nur sie allein. Da wurde er vor ihnen verklärt, und seine Kleider wurden hell und leuchtend weiß, wie sie kein Bleicher auf Erden so weiß machen kann. Und es erschien ihnen Elia mit Mose, und sie redeten mit Jesus. Da nahm Petrus das Wort und sagte zu Jesus: Rabbi, es ist gut, daß wir hier sind. Wir wollen drei Hütten bauen, für dich eine, für Mose eine und für Elia eine. Er wußte aber nicht, was er sagen sollte; denn sie waren ganz verstört. Und es kam eine Wolke, die überschattete sie. Und eine Stimme kam aus der Wolke: Das ist mein lieber Sohn; auf den sollt ihr hören! Und mit einem Mal, als sie um sich blickten, sahen sie niemand mehr bei sich als Jesus allein. Als sie aber vom Berge herabgingen, gebot ihnen Jesus, niemand etwas davon zu sagen, was sie gesehen hatten, bis der Menschensohn von den Toten auferstanden wäre. Und sie behielten das Wort und befragten sich untereinander: Was mag das heißen: von den Toten auferstehen?

Markus 9,2-10

I.

Irgendwann kamen die kritischen Fragen. Irgendwann begannen die, die unten geblieben waren, zu zweifeln: Was haben die da oben wirklich erlebt? Und irgendwann haben die Aufgeklärten schließlich behauptet: Der Bericht der Erleuchteten ist eine fromme Legende.

Wir sind hier zu einem Gottesdienst zusammengekommen. Wir haben keine Einladung erhalten, auf den Berg der Verklärung zu gehen. Wir werden mit allem, was wir hier sagen und hören, die Grenzen unserer Alltagserfahrung kaum übersteigen. Eine Predigt kann keine Visionen und keine Ekstasen vermitteln. Sie kann bestenfalls darauf achten, daß wir mit unserem flachen Alltagsbewußtsein die Höhen und die Tiefen göttlicher Offenbarung nicht total einzuebnen versuchen.

Wenn alles gutgeht, dann ist auch der Weg durch einen Bibeltext sehr erhellend. Auch ein Gedankengang kann in die Höhe führen. Auch für Menschen, die stehen oder sitzen, die reden oder hören, kann sich das Geheimnis des Messias entbergen.

Markus 9,2-10

II.

»Nach sechs Tagen nahm Jesus Petrus, Jakobus und Johannes mit sich und führte sie auf einen hohen Berg, nur sie allein.«
»Nur sie allein!« Jesus hat viele dazu aufgerufen, ihm nachzufolgen. Das gottferne Volk, die Zöllner und die Sünder, die Mühseligen und die Beladenen durften seine Erzählungen vom Reich Gottes hören und seine erstaunlichen Taten aus der Kraft Gottes erleben. Er hat einen Anhängerkreis an sich gezogen. Aber auf den hohen Berg, in die Nähe Gottes, dürfen ihn nur einige wenige begleiten.
»Nur sie allein!« Es hat in der Geschichte der Kirche immer wieder Männer und Frauen gegeben, die mehr wahrnehmen durften als andere. Das ist für die einen wie für die anderen schwer erträglich gewesen. Man kann dann sehr neidvoll oder sehr kritisch oder sehr hochmütig werden. Und manchmal können die, die oben gewesen sind, und die, die unten bleiben mußten, gar nicht mehr miteinander reden.
»Nur sie allein!« Niemand von uns kann sicher sein, daß die Einladung auf den Berg der Erleuchtung nicht auch ihn oder sie einmal erreichen wird. Was könnte auf diesem Berg mit uns und an uns geschehen?

III.

»Da wurde er vor ihnen verklärt und seine Kleider wurden hell und leuchtend weiß, wie sie kein Bleicher auf Erden so weiß machen kann. Und es erschien ihnen Elia mit Mose, und sie redeten mit Jesus.«
Auf dem hohen Berg, in der Nähe Gottes, wird Jesus verwandelt. Die drei Jünger erleben seine Metamorphose, wie es im griechischen Urtext heißt. Der Mann aus Fleisch und Blut wird zur Lichtgestalt.
Und selbst seine Kleidung, die doch wirklich irdisches Machwerk ist, wird von der Leuchtkraft des göttlichen Lichtes durchflutet – »wie sie kein Bleicher und kein Waschmittel auf Erden so weiß machen kann«.
Was haben die drei und alle anderen, die später ähnliche Erscheinungen hatten, gesehen? Haben sie zu lange in die Sonne geblickt? Wurden sie von vorgeburtlichen Wahrnehmungen überwältigt? Hat ihre Sehnsucht nach Grandiosität sie alle miteinander vereint?
Im Sinn des biblischen Textes wird man sagen müssen: Sie haben das Geheimnis Jesu gesehen. Sie haben gesehen, daß das Reich und die Kraft und die Herrlichkeit Gottes in diesem Menschen anwesend sind. Sie haben das Reich Gottes gesehen, die andere Welt. Sie haben die Kraft Gottes gesehen, die sie fortgerissen hat aus Beruf und Familie. Sie haben die Herrlichkeit Gottes gesehen, den ewigen Glanz.
Und sie haben Mose und Elia gesehen, die mit Jesus redeten. Was sich in diesem Augenblick zeigte, war also nicht die Epiphanie einer neuen Gott-

heit. Hier tauchte jene Herrlichkeit wieder auf, die den Mose an Sinai umstrahlt hatte. Hier wurde jene Kraft wieder wirksam, die den Elia von der Erde in die andere Welt geholt hatte. Hier zeigte sich, in einer für Menschen gerade noch erträglichen Weise, der eine, der wahre, der Gott Israels.

IV.

»Da nahm Petrus das Wort und sagte zu Jesus: Rabbi, es ist gut, daß wir hier sind. Wir wollen drei Hütten bauen, für dich eine, für Mose eine und für Elia eine. Er wußte aber nicht, was er sagen sollte; denn sie waren ganz verstört.«

Wer der Herrlichkeit Gottes begegnet, der gerät aus der Fassung. Das Angebot des Petrus ist wohl deswegen unangemessen, weil es bei allem guten Willen ganz in der Alltagswelt bleibt. In seiner Hilflosigkeit wittert er Handlungsbedarf. Er will diese ungewöhnliche Erfahrung nicht unbedingt festhalten, wie wir ihm gern unterstellen. Er reagiert auf seine handfeste Art. Der Handwerker bietet Hilfe an. Er will das tun, was er kann.

Wenn er Kopfarbeiter wäre, würde er seine Erfahrung psychologisch interpretieren oder einen Gottesbeweis daraus stricken. Selbst auf dem Berg der Verklärung bleiben die Menschen die, die sie unten, in der Alltagswelt, sind. »Verstört« durch das, was sich ihnen erschließt.

V.

»Und es kam eine Wolke, die überschattete sie. Und eine Stimme kam aus der Wolke: Das ist mein lieber Sohn; auf den sollt ihr hören!«

Das Licht, das die Berg-Szene überflutet, verdichtet sich nun zu einer ätherischen Größe. Eine Wolke überschattet die Jünger, eine Stimme dringt in sie ein. So werden sie eingestimmt auf das Geheimnis des Mannes, den sie begleiten. Er ist »geliebter Sohn«. Gesandter des Reiches. Träger der Kraft. Zeuge der Herrlichkeit. »Den sollt ihr hören!« Auch dann, wenn ihr sein Geheimnis nicht zu sehen bekommt.

»Und mit einem Mal, als sie um sich blickten, sahen sie niemand mehr bei sich als Jesus allein.«

Der Augenblick der Erleuchtung ist schnell vorbei. Noch gibt es keinen Daueraufenthalt in der Gegenwart Gottes. Mehr ist auch nicht nötig. Sie haben alles gesehen, was Menschen ertragen können. Sie haben alles gehört, was Menschen wissen müssen. Der Berg-Trip ist nun zu Ende.

Das Leben der Drei hat sich geändert. Gewiß, sie bleiben in vieler Hinsicht dieselben mit ihren Wünschen und ihren Ängsten. Jakobus und Johannes wollen ganz sichergehen und erbitten von Jesus später die besten Plätze in

der anderen Welt. Auch Petrus will ganz sichergehen und leugnet in Jerusalem voller Angst, daß er je zu diesem Jesus gehört hat.
Aber die Drei werden das Geheimnis, in das sie geraten sind, nicht mehr los. »Nur sie allein« werden auf den Berg Gottes gerufen. »Jesus allein« bleibt mit ihnen auf dem Berg Gottes zurück. Dazwischen liegt der Augenblick der Erleuchtung.

VI.

»Als sie aber vom Berg herabgingen, gebot ihnen Jesus, niemand etwas davon zu sagen, was sie gesehen hatten, bis der Menschensohn von den Toten auferstanden wäre. Und sie behielten das Wort und befragten sich untereinander: Was mag das heißen: von den Toten auferstehen?«
Es geht zurück in die Alltagswelt. Wer in der Nähe Gottes gewesen ist, muß zwei Regeln beachten. Die erste lautet: Private Erfahrungen gehören nicht in die Öffentlichkeit. Auch Paulus redet, wenn er seine ekstatischen Erlebnisse andeuten will, in der dritten Person: »Ich kenne einen Menschen, der ...« Die Schweigegebote sind nicht deshalb entstanden, weil die Jünger zuwenig erlebt haben. Sie wurden deswegen formuliert, weil die Erfahrungen, die sich im Umfeld Jesu ereigneten, zu machtvoll, zu intensiv, zu unheimlich gewesen sind.
Damit hängt die zweite Regel zusammen. Wer viel erfahren hat, darf sich nicht einbilden, daß er schon alles versteht. Die drei haben das Geheimnis Jesu gesehen. Sie haben das Reich und die Kraft und die Herrlichkeit, die diesen Mann ausfüllen, wahrgenommen. Und verstehen doch nicht, was das heißen könnte: »von den Toten auferstehen«.
Die Aufgeklärten wissen es nicht. Die Glaubenden wissen es auch nicht. Aber auch die Erleuchteten wissen es nicht. »Was mag das heißen: von den Toten auferstehen?«

Herr, ewiger und allmächtiger Gott.
Das Licht Deiner Offenbarung strahlt,
auch wenn es nicht alle sehen.
Die Kraft Deines Erbarmens wirkt,
auch wenn es nicht alle spüren.
Das Geheimnis Deines dreieinigen Seins bleibt,
auch wenn wir es zu verstehen wähnen.

Weil Du ein freier Gott bist,
ein Gott aber auch, der das Rufen erhört,
bitten wir Dich um die Gnade der Erleuchtung:

befreie die Verblendeten,
zeige Dich den Suchenden,
gib Gewißheit den Zweifelnden,
erweiche die Selbstgerechten,
bewege die Ermüdeten,
ermutige die Verzagten,
tröste die Traurigen,
erfülle uns alle mit dem Licht des Lebens.

Weil Du ein freier Gott bist,
ein Gott aber auch, der das Schreien erhört,
bitten wir Dich um die Kraft der Befreiung:
rette die Unterdrückten,
schaffe Recht den Armen,
sorge für die Opfer von Kriegen und Katastrophen,
vertreibe Geldgier und Machthunger,
wehre allem Bösen,
gib Wohnung den Obdachlosen,
Nahrung den Hungernden,
Geborgenheit den Einsamen,
Gesundheit den Kranken,
Frieden den Sterbenden,
Schonung Deiner gequälten Erde,
befreie uns alle aus Wahnsinn und Sucht,
erfülle uns mit der Kraft Deiner Liebe.

Weil Du ein freier Gott bist,
aber auch ein Gott, der das Klagen hört,
bitten wir Dich um die Vollmacht Deiner Berufung:
reiße die Kirchen aus aller Abhängigkeit,
erwecke Deine Gemeinde aus ihrer Verzagtheit,
schenke allen Christinnen und Christen heilsame Lebenserfahrung,
segne das Gespräch zwischen den Konfessionen und den Religionen,
lenke die Sehnsucht der Menschen zu Dir,
dem Ziel allen Lebens,
laß uns zu seiner Zeit Deine Herrlichkeit sehen.

Du allein, Herr, hast uns ins Leben gerufen.
Du allein, Herr, schickst uns in die Tiefen der Angst
und in die Höhen des Glücks,
Du allein, Herr, führst uns
aus dem Alltag des irdischen Lebens
durch das Geheimnis der Auferstehung

*in Dein unvergängliches Reich.
Mit allem, was atmet,
mit allem, was lebt,
mit dem ganzen Universum,
mit allen, die in Deinem Reich Heimat gefunden haben,
loben und preisen wir Deinen Namen,
Dich, den Vater und den Sohn und den Heiligen Geist,
jetzt und immerdar
und von Ewigkeit zu Ewigkeit.*

Amen.

Der Geruch der Auferstehung

Gott aber sei Dank, der uns allezeit Sieg gibt in Christus und durch uns den Duft seiner Erkenntnis an allen Orten offenbart! Denn wir sind für Gott ein Wohlgeruch Christi unter denen, die gerettet werden, und unter denen, die verloren gehen: diesen ein Geruch des Todes zum Tode, jenen aber ein Geruch des Lebens zum Leben. Wer aber ist dazu fähig? Wir sind ja nicht wie die vielen, die mit dem Worte Gottes Geschäfte machen; sondern aus Lauterkeit und von Gott her reden wir vor Gott in Christus.

2. Korinther 2,14-17

I.

Jesus Christus ist auferstanden!
»Es läuft der Frühlingswind/durch kahle Alleen,
seltsame Dinge sind/in seinem Wehn.
Durch die glatten/kahlen Alleen
treibt sein Wehn/blasse Schatten.
Und der Duft,/den er gebracht,
von wo er gekommen/seit gestern nacht«.
Jesus Christus ist wahrhaftig auferstanden!

II.

Daß der Mann am Kreuz nicht im Tod geblieben sein soll, das ist den meisten vom Hörensagen bekannt. In den neutestamentlichen Schriften behaupten einige sogar, sie hätten den Auferstandenen gesehen. Und in den kirchlichen Abendmahlsfeiern klingt auf verdeckte Weise an, man könne den Auferstehungsleib Christi essen und trinken.
Jesus Christus ist auferstanden! Das kann man hören und sehen. Das kann man schmecken und spüren. Paulus erweitert und steigert das Wahrnehmungsfeld gegenüber diesem unglaublichen Ereignis, indem er feststellt: Es ist auch ein neuer Geruch in der Welt. Der »Wohlgeruch Christi«. Der »Duft seiner Erkenntnis«. Ein »Geruch des Lebens zum Leben«.

III.

Die gelehrten Ausleger verweisen gern auf rhetorische Traditionen, nach denen sich die Gegenwart des Göttlichen auch in diesem Sinnenbereich manifestiert. Meistens aber wird diese Aussage metaphorisch verstanden. Auferstehung – das ist eine Behauptung, ein Symbol für menschliche Sehnsucht, eine Hoffnung, die man prüfen muß und über die man diskutieren kann.
Es ist ein neuer Geruch in der Welt! Wer verstehen will, warum Paulus so redet, der muß während der Sommermonate in den Vorderen Orient fahren und dort in einer Stadt das Viertel der Ledergerber und Lederfärber besuchen. Ein bestialischer Gestank wird ihn schon von weitem empfangen.
Paulus, der Ledergerber, weiß, wovon er hier redet. Paulus kennt den Geruch des Todes, der die Weltgeschichte durchzieht, aus seiner Alltagserfahrung. Die stinkenden Kadaver. Die faulenden Innereien. Den Verwesungsgeruch von Fleisch und Blut, von Kot und Urin.
Ein stinkender Madensack ist unser Körper, hat Luther in seiner drastischen Sprache immer wieder gesagt. Und wenn es die Gnade der schnellen Verwesung nicht gäbe, dann läge eine undurchdringliche Wolke von Todesgestank über der Erde. Die Toten, die wir vergraben, riechen wir nicht. Die Tiere, die wir verzehren, riechen wir nicht. Der Geruch der Zerschossenen und Zerbombten und Vergasten ist längst verflogen. Und auch die Ausdünstungen der Kranken und der Sterbenden, der Slum-Bewohner, der Obdachlosen bleiben uns in der Regel erspart.

IV.

»Gott aber sei Dank!« Die Todesmacht ist besiegt. Jesus Christus ist auferstanden. Und »durch uns«, sagt Paulus, »wird der Duft seiner Erkenntnis an allen Orten offenbart!«
Ekstase! Der Geruch von Freiheit und Abenteuer! Ein Duft, der unter die Haut geht! An den abendlichen Werbespots kann man studieren, wie groß die Sehnsucht nach Wohlgeruch ist und wie tief die belebende Wirkung von Duftstoffen reichen soll. Sympathie lebt davon, daß man sich riechen kann. Verführung hofft darauf, daß das eingesetzte Parfüm alle Abwehr überwindet.
Das Befremdliche, ja das Absonderliche in den Sätzen des Paulus besteht sicher darin, daß der Apostel mit einem Duftstoff rechnet, der aus der Welt Gottes kommt und den Todesleib irdischer Menschen verändert. Der Sieg Gottes hat nicht nur den Gekreuzigten ins Leben gerufen. Der Sieg Gottes verändert auch die leibliche Wirklichkeit derer, die von der Auferstehungs-

macht wirklich ergriffen sind. Auf der Suche nach der verlorenen Zeit wird der Geist Gottes erinnert.
Wie soll man sich das vorstellen? Wie wird der Geruch von Fleisch, von Alkohol und Zigaretten, der ja auch die Christen umgibt, ausgetrieben? Gibt es so etwas wie ein Osterparfüm?
In esoterischen Gruppen und allmählich auch in kirchlichen Kreisen hat man die Macht der Duftstoffe wiederentdeckt. Sicherlich gibt es da animierende und manchmal auch inspirierende Wirkungen ätherischer Öle. Aber sie verbleiben auf derselben Ebene wie der Frühlingswind, der im Gedicht des Hugo von Hofmannsthal auch am Ostermorgen »durch kahle Alleen« läuft und seltsame Dinge verbreitet »seit gestern nacht«.
In der Todeswelt gibt es belebende Düfte. Nach der Winterzeit weht der Frühlingswind. Aus dem Dunkel der Nacht sind wir aufgestanden. Das alles sind bestenfalls Spuren, die auf Ungeheures verweisen. Jesus Christus ist auferstanden! Wir haben Gerüchte gehört. Manche haben Träume und Visionen gehabt. In der Abendmahlsfeier kann man sein Fleisch und Blut essen und trinken.

V.

Es ist ein neuer Geruch in der Welt. Menschen haben das immer wieder gewittert: »diesen ein Geruch des Todes zum Tode, jenen aber ein Geruch des Lebens zum Leben«. Über Gerüche kann man nicht diskutieren. Entweder müssen sie weg aus dem Raum. Oder man läßt sie tief in sich rein.
Paulus selbst ist ein Beispiel dafür. Die Auferstehungsbotschaft muß weg, hat der fromme Pharisäer gesagt und hat die Christengemeinde verfolgt. Die Auferstehungsbotschaft muß weg, weil sie die Macht des Todesgesetzes bestreitet, müssen die Vertreter von Wirtschaft und Politik und Wissenschaft sagen. Die Auferstehungsbotschaft muß weg, sagen wir selber jeden Tag, weil sonst unser Leben grundlegend anders würde.
»Diesen ein Geruch des Todes zum Tode, jenen aber ein Geruch des Lebens zum Leben«. Wenn das Alte Vergangenheit ist, wenn alles neu geworden ist, dann können Menschen auf ihr bisheriges Leben nur so zurückblicken, wie es Paulus getan hat. Um Christi willen »ist mir das alles zum Schaden geworden, und ich achte es für Dreck«, für Kot, für Scheiße, erklärt er im Philipperbrief (3,8). Ergriffen von der Übermacht des Auferstandenen, getrieben von der Dynamik des Evangeliums durchzieht dieser Mann die ganze Mittelmeerwelt, um das unerhörte Gerücht, um den unheimlichen Geruch zu verbreiten.

VI.

Jesus Christus ist auferstanden! Der Geruch seines Lebens durchzieht Länder und Zeiten. Und auch wir dürfen den »Duft seiner Erkenntnis« in unseren verweslichen Leibern weitertragen.
Paulus selbst stellt die entscheidende Frage: »Wer aber ist dazu fähig?« Und er grenzt sich ab gegen die, »die mit dem Worte Gottes Geschäfte machen«. Die Übersetzung ist an dieser Stelle sehr plump. Im griechischen Text kritisiert Paulus Christen, die mit der göttlichen Botschaft wie Kleinkrämer umgehen. Sie verpanschen, sie verdünnen den gewaltigen Stoff. Sie bieten ihn als Sonderangebot auf dem Bedürfnismarkt feil. Die Kleinkrämer des Glaubens machen aus dem unglaublichen, lebensverändernden Wunder der Auferstehung eine Beruhigungspille, eine Mixtur aus guten Worten und frommen Gefühlen, ein bloßes Hoffnungssymbol.
Das reicht nicht aus. Es gibt noch mehr. Man kann leben und reden von Gott her, Gott gegenüber, in Christus. Diese dreifache Ortsangabe bestimmt, was der Frühlingswind sagt und was beim Osterspaziergang passiert: »Sie feiern die Auferstehung des Herrn; denn sie sind selber auferstanden«.
Sie leben und reden »von Gott her«, angefüllt nicht nur mit irdischen Nahrungs- und Genußmitteln, sondern ergriffen und getrieben von jener Macht Gottes, der aus dem Nichts alles geschaffen hat und der aus dem Tod das Leben errettet.
Sie leben und reden »Gott gegenüber«, nicht nur eingebunden in die soziale Welt, in Beruf und Familie, in Politik und Wirtschaft und Wissenschaft, sondern von Gott gerufen und im Gespräch mit ihm.
Sie leben und reden »in Christus«, in der alten Welt eine neue Kreatur, elender Madensack, vom Auferstehungsduft zum Glauben verführt und trotz aller Verwesungsgerüche andere zum Glauben lockend.

VII.

In der griechischen Mythologie, aber auch beim Philosophen Aristoteles kann man die Anschauung finden, daß unter allen Tieren der Panther einen besonderen Wohlgeruch ausströmt, mit dem er die Beute anlockt, die er dann schlägt.
In der mittelalterlichen Symbolik hat man in der gefährlichen Attraktivität des Panthers den Christus entdeckt, unheimlich im Reiz seines Geruchs, gewaltig in der Macht seiner Auferstehung.
Ostern heute beginnt vielleicht einfach so, daß man eine Spur entdeckt, daß man eine Witterung aufnimmt. Irgendwann schlägt der Panther dann zu. Und man verfällt jener Macht, die das Leben ist.

Herr, ewiger und allmächtiger Gott,
unerforschlich in Deinem Geheimnis,
unbegreiflich in Deiner Macht.
Aus dem Nichts hast Du alles geschaffen.
Aus dem Tod hast Du das Leben gerufen.
Aus Verlorenheit und Verblendung
hat Dein Wort uns erweckt.
Du tötest und machst lebendig.
Du willst unser irdisches Dasein
und führst uns in Dein himmlisches Reich.
Du läßt uns manchmal verzweifeln
und füllst uns mit Glaubenskraft.

Weil Du ein Gott des Lebens bist,
der die Welt geschaffen hat
und vom Tode befreit,
bitten wir Dich für alle,
deren Leben bedroht ist:
für Kranke und Sterbende,
für Verzweifelte und Umnachtete,
für Süchtige und Lebensüberdrüssige,
für hungrige Kinder und einsame Alte,
für Verfolgte und Unterdrückte
und vom Krieg Gequälte,
für alle leidende Kreatur:
Deine Macht ist größer als alles Elend,
hilf Du, so ist uns geholfen.

Weil Du ein Gott des Lebens bist,
der die Welt geschaffen hat
und vom Tode befreit,
bitten wir Dich für alle,
die ihr Leben verspielen:
die stolz, hochmütig und gefühllos sind,
die ihre Macht über Menschen mißbrauchen,
die die Schöpfung zerstören,
die auf den Gott Mammon vertrauen,
die ohne Glaube und Liebe und Hoffnung
ihr Dasein fristen,
die nur vernünftig sein
oder nur Spaß haben wollen:
Deine Macht ist größer als aller Wahn,
ruf Du zur Umkehr, so ist ihr Leben erneuert.

2. Korinther 2,14-17

*Weil Du ein Gott des Lebens bist,
der die Welt geschaffen hat
und vom Tode befreit,
bitten wir Dich für alle,
die nach Dir suchen
und nach Deinen Geheimnissen fragen:
für alle,
die das Wunder der Auferstehung noch nicht begreifen,
für alle, die die Macht Deines Geistes
nicht nur hören,
sondern auch spüren wollen,
für alle, die nicht verstehen,
warum es in ihrem Leben
so viel Dunkelheit und Wirrnisse gibt:
Deine Macht, Herr, ist größer als aller Zweifel,
schenke Du Glauben, so sind wir gewiß.*

*Herr, ewiger und allmächtiger Gott.
Alles, was ist, beweist Deine Macht.
Alles, was atmet, lobt Deinen Namen.
Alles, was lebt, dient Deinem Willen.
Alles, was stirbt, kehrt zurück zu Dir.*

*Mit allen Geschöpfen im Himmel und auf Erden
loben und preisen wir
die Ewigkeit Deines Seins,
die Herrlichkeit Deines Namens,
die Unendlichkeit Deiner Macht,
die Unermeßlichkeit Deiner Gnade,
die Unergründlichkeit Deiner Wahrheit,
die Gegenwart Deines Heils.
Kyrios Jesus.
Wir beten Dich an,
den Vater und den Sohn und den Heiligen Geist,
jetzt und immerdar und von Ewigkeit zu Ewigkeit.*

Amen.

Hochzeit

Und am dritten Tage war eine Hochzeit in Kana in Galiläa, und die Mutter Jesu war dabei. Jesus aber und seine Jünger waren auch zur Hochzeit eingeladen. Und als der Wein ausging, sagte die Mutter Jesu zu ihm: Sie haben keinen Wein mehr. Jesus antwortete ihr: Was willst du von mir? Meine Stunde ist noch nicht gekommen. Seine Mutter sagte zu den Dienern: Was er euch sagt, das tut. Es standen aber dort sechs steinerne Wasserkrüge für die Reinigung, wie sie bei den Juden Sitte war, und in jeden gingen etwa hundert Liter. Jesus sagte zu ihnen: Füllt die Wasserkrüge mit Wasser! Und sie füllten sie bis obenhin. Und er sagte zu ihnen: Schöpft nun und bringt's dem Tafelmeister! Und sie brachten es ihm. Als er aber den Wein kostete, der Wasser gewesen war, und nicht wußte, woher er kam – die Diener aber wußten's, die das Wasser geschöpft hatten –, rief der Tafelmeister den Bräutigam und sagte zu ihm: Jeder gibt zuerst den guten Wein und dann, wenn sie angetrunken sind, den schlechteren; du aber hast den guten Wein bis jetzt zurückgehalten. Das ist das erste Zeichen, das Jesus tat; es geschah in Kana in Galiläa und damit offenbarte er seine Herrlichkeit. Und seine Jünger glaubten an ihn.

Johannes 2,1-11

In der Welt dieses Textes gibt es nichts zu verstehen. Die Geschichte läuft ohne inneren Zusammenhang ab. Wichtige Einzelheiten werden nicht mitgeteilt. Die Menschen reden aneinander vorbei. Und die Worte, die der Evangelist verwendet, verraten nicht, was sie bedeuten. Es gibt nichts zu verstehen. Es gibt auch keine Botschaft zu predigen. Aber am Ende kommen einige Menschen zum Glauben.

I.

»Am Anfang war das Wort ..., und das Wort wurde Mensch« und taucht, weil eine Einladung vorliegt, auf einer Hochzeit auf.
Das öffentliche Wirken dieser außerirdischen Gestalt beginnt auf einem sehr irdischen Fest. Der Bote aus der anderen Welt tritt nicht mit einem Bußruf in der Wüste auf. Er legt auch nicht in der Synagoge die heiligen Schriften aus. Jesus beginnt seine Laufbahn dort, wo das Leben gefeiert wird. Verwandte und Freunde versammeln sich. Es wird gut gegessen und kräftig getrunken. Musik und Tanz heben die Stimmung und steigern die

Johannes 2,1-11

Lust. Ein Mann und eine Frau werden, wenn ihre Stunde gekommen ist, sich miteinander vereinen, damit das Leben auf diesem Planeten weitergeht.
Der Außerirdische steigert den Rausch, indem er Wasser in Wein verwandelt. Wie soll man das verstehen? Fromme Moralisten haben sich mit der Hoffnung getröstet, der Herr Jesus habe die Trinkfreudigkeit der Festgesellschaft schon zu zügeln gewußt. Und die Fresser und Weinsäufer, von denen es auch in der Kirche nicht wenige gibt, können hier ihr seelisches Komfort-Bedürfnis befriedigt finden: Zum edlen Tropfen gibt es auch noch das gute Gewissen.
Gott ist Mensch geworden, um Rausch und Lebensfreude zu steigern? Gott ist Mensch geworden, damit wir das Elend vergessen und wenigstens einmal im Jahr, nämlich zu Weihnachten, unbeschwert feiern können?

II.

»Am Anfang war das Wort ..., und das Wort wurde Mensch« und tauchte auf einer Hochzeit auf. Der junge Held aus der anderen Welt geht nicht sehr freundlich mit seinen Mitmenschen um. Als seine Mutter ihn auf das Weinproblem hinweist, herrscht er sie mit schroffen Worten an, sehr viel drastischer, als es die neue Übersetzung andeutet: »Weib, was habe ich mit dir zu schaffen? Meine Stunde ist noch nicht gekommen«.
Der hier auftritt, läßt sich von niemandem vereinnahmen. Von seinen Angehörigen nicht, von seinen Jüngern nicht, von den Frommen nicht, von den Genußmenschen nicht, auch nicht von denen, die seine Botschaft verkündigen wollen.
Sein Handeln ist nicht zu verstehen. Man kann und soll ihn um Hilfe bitten, für sich und für andere. Um das tägliche Brot. Um ein glückliches Leben. Um einen guten Gottesdienst. Wir wissen nicht, was wir beten sollen, angesichts allen Elends in der Welt. Wir wissen nicht, was wir sagen sollen, angesichts der Rätselhaftigkeit Gottes. »Sie haben keinen Wein mehr«. Es fehlt so viel in der Welt, nicht nur auf Festen.
»Das Wort wurde Mensch«. Aber das Wort Gottes ist durch kein menschliches Wort zu bewegen. Diese Gestalt bleibt unnahbar und unberechenbar. Denn auch die Ablehnung ist nicht endgültig. Auf das schroffe Nein folgt ein überwältigendes Ja. Der Mangel wird behoben. Und niemand kann sagen, wodurch dieser Umschwung bei Jesus ausgelöst wird. Es ist seine freie Entscheidung, seine Entscheidung allein.
Gegen Ende meldet sich der Liturg des Festes zu Wort und stellt voller Verwunderung fest, daß der Bräutigam gegen die nüchternen Regeln der Sparsamkeit verstoßen habe: »Jeder gibt zuerst den guten Wein und dann, wenn sie angetrunken sind, den schlechten«.

Wo ist hier die Botschaft? Den Rest der Szene überläßt man am besten der Phantasie. Die Mutter blickt voller Stolz auf den wundertätigen Sohn. Der Bräutigam ist erleichtert, weil bisher alles gut läuft. Die sechs Riesenkrüge werden im Lauf der sieben Hochzeitstage sicher geleert. Und wenn sie nicht gestorben sind, dann feiern die Menschen in Kana noch heute.

III.

»Am Anfang war das Wort ..., und das Wort wurde Mensch« und verwandelte auf einer Hochzeit Wasser in Wein. Was soll man predigen, wenn kein Bußruf ertönt? Wo ist die Botschaft, wenn nicht die heilige Schrift zitiert, sondern ein dionysisches Wunder berichtet wird?
Am dritten Tag werden sechs Gefäße, die der Reinigung dienen, mit Wasser gefüllt; das Wasser wird in Wein verwandelt, damit die Hochzeit weitergeht. Für viele Gäste ist die Begegnung mit Jesus zur Falle geworden. Sie haben sich ihres Lebens gefreut. Sie haben Wein, Weib und Gesang genossen. Sie haben die Schönheit und den Reichtum der Erde erfahren. Sie lesen und hören einen wunderbaren Text. Aber sie entdecken nicht die Herrlichkeit der Hauptperson.
»Das ist das erste Zeichen, das Jesus tat; es geschah in Kana in Galiläa, und er offenbarte damit seine Herrlichkeit. Und seine Jünger glaubten an ihn.« Was geschieht mit denen, die glauben? Wahrscheinlich wird man sagen müssen: Sie erleben eine Verwandlung. Sie werden selber verwandelt. Und sie lesen die Worte des Textes in einem verwandelten Sinn.
»Am Anfang war das Wort, und das Wort war bei Gott, und Gott war das Wort ... Und das Wort wurde Fleisch und wohnte unter uns, und wir sahen seine Herrlichkeit, die Herrlichkeit des einzigen Sohnes, der vom Vater kommt, voller Gnade und Wahrheit«.

Stunde des Glaubens.
Am dritten Tag fängt alles an. Der Glaube spricht die Einladung aus. Der Glaube bittet um Hilfe, für sich und für andere: Sie haben nicht genug. Der Glaube hält fest am abgrundtiefen Vertrauen und läßt sich durch keine Zurückweisung erschüttern: Was er euch sagt, das tut. Der Glaube äußert voller Verwunderung seinen Dank: Du hast das Beste so spät geschenkt.

Hochzeit des Glaubens.
Menschen werden gereinigt von ihrer Schuld. Menschen werden mit göttlichem Geist erfüllt. Menschen werden mit dem himmlischen Bräutigam eins. Amen.

Die Fülle Gottes

Deshalb beuge ich meine Knie vor dem Vater, von dem jedes Vaterland im Himmel und auf Erden seinen Namen hat, und bitte ihn, daß er euch Kraft gebe nach dem Reichtum seiner Herrlichkeit, stark zu werden durch seinen Geist am inneren Menschen, so daß Christus durch den Glauben in euren Herzen wohnt und ihr in der Liebe eingewurzelt und gegründet seid. Dann könnt ihr mit allen Heiligen begreifen, welches die Breite und die Länge und die Höhe und die Tiefe ist, und die Liebe Christi erkennen, die doch alle Erkenntnis übertrifft, damit ihr erfüllt werdet mit der ganzen Gottesfülle. Dem aber, der überschwenglich mehr tun kann als alles, was wir bitten oder verstehen, nach der Kraft, die in uns wirkt, dem sei Ehre in der Gemeinde und in Christus Jesus zu aller Zeit, von Ewigkeit zu Ewigkeit! Amen.

Epheser 3, 14-21

I.

»Heller als tausend Sonnen« strahlt Gottes Licht.
Stärker als tausend Bomben wirkt Gottes Kraft.
Unerschöpflicher als tausend Brunnen strömt Gottes Fülle.
In dieser Fülle können wir alle Erfüllung finden. Die im Dunkeln leben, sehen dann Licht. Die Müden, die Matten, die Ausgelaugten gewinnen Kraft. Leere Kirchen, leere Kassen, leere Herzen geraten in den Überfluß göttlichen Lebens. Es gibt nur die eine, lebensentscheidende Frage: Wie kommen wir an dieses riesige Energielager heran?
Der Kolosserbrief, der mit denselben Stichworten arbeitet wie der Brief an die Epheser, gibt dazu eine eindeutige Empfehlung: »Seht zu, daß euch niemand einfängt durch Philosophie und leeren Trug, die sich auf menschliche Überlieferung gründen, auf die Mächte dieser Welt und nicht auf Christus. Denn in ihm wohnt die ganze Fülle der Gottheit leibhaftig, und an dieser Fülle habt ihr teil in ihm, der das Haupt aller Mächte und Gewalten ist« (2,8f.).
Der Weg in die Fülle Gottes führt nicht über den Kopf. Nicht durch die Vernunft, auch nicht durch die Wissenschaft, noch nicht einmal durch die Theologie gewinnt man Anteil an der Lebenskraft Gottes. Die Fülle wohnt in einem gewaltigen Kraftfeld, das von der Gestalt des auferstandenen Christus gebildet und von der Macht seines Geistes durchzogen wird. Unser Text aus dem Epheserbrief schildert in seiner komplizierten, abstrakt klingenden, aber ganz konkret gemeinten Sprache, durch welche Bewegung Menschen in den Bannkreis, in das Kraftfeld der Fülle Gottes geraten.

II.

»Ich beuge meine Knie vor dem Vater, von dem jedes Vaterland im Himmel und auf Erden seinen Namen hat«.
Der Weg in die Fülle des Lebens beginnt auf den Knien. Keine Kopfarbeit ist angesagt, kein Gefühlsüberschwang, keine sozialen Aktivitäten. Der Weg zu Gott, der Weg in die himmlische Herrlichkeit fängt an auf der harten Erde. Wenn wir diesen Vers beim Wort nehmen, werden wir sogar sagen müssen: Niemand kann diesen Weg von sich aus beginnen. Keiner kann die Fülle Gottes für sich selber erflehen. »Ich beuge meine Knie für euch« – heißt es ganz lapidar.
Natürlich können wir in den Krisen und in den Alltagssorgen unserer Lebensgeschichte durchaus für uns selber bitten. Aber in der entscheidenden Lebensbewegung, bei der Annäherung an die unendliche, unerschöpfliche Fülle Gottes sind wir darauf angewiesen, daß andere unsere Fürsprecher sind. Darin steckt auch ein Sperriegel gegen unseren unersättlichen Lebenshunger. Die wir so vieles für unsere Zwecke gebrauchen und wohl auch mißbrauchen, wir könnten versuchen, auch Gott und seine unendliche Lebenskraft für uns einzuspannen. Deshalb bleiben wir darauf angewiesen, daß andere ihre guten Beziehungen für uns einsetzen. Wie auch andere Menschen darauf warten, daß wir durch unser Beten ihnen den Weg zu Gott ermöglichen.
Aber warum diese geistliche Gymnastik? Warum fängt der Weg in die himmlische Fülle mit sehr irdischen Kniebeugen an? Es geht, auf der Verhaltensebene, um das Gesetz der Verkleinerung. Es geht um Demut. Darin kann ein Schuldbekenntnis stecken wie beim berühmten Kniefall von Willy Brandt im Warschauer Getto. In der Regel handelt es sich aber um die nüchterne Anerkenntnis von Macht. Wer niederkniet, gibt zu erkennen: Ich bin Gott gegenüber klein und ohnmächtig. Jeder Kniefall ist deshalb eine Zumutung an das Selbstbild des mündigen Menschen.
Durch das Gebet, das Jesus seine Jünger gelehrt hat, dürfen wir die göttliche Allmacht, die alle Vaterländer geschaffen hat, Vater nennen. Wir haben die vaterlose Gesellschaft erlebt, die antiautoritäre Erziehung ausprobiert, die Bedeutung der Mutterschaft neu verstanden. Wir sollten bei allem Wandel des Vaterbildes in der Gesellschaft nicht vergessen, daß die Macht des Allmächtigen davon unberührt bleibt.
Der Weg zum Licht Gottes, zur Kraft Gottes, zur Fülle Gottes beginnt auf den Knien.

III.

Ich »bitte ihn, daß er euch Kraft gebe nach dem Reichtum seiner Herrlichkeit, stark zu werden durch seinen Geist am inneren Menschen, so daß

Christus durch den Glauben in euren Herzen wohnt und ihr in der Liebe eingewurzelt und gegründet seid«.
Was auf den Knien anfängt, soll die Herzen erreichen. Wer mit der angemessenen Einstellung betet, bildet mit seinen Worten und Gedanken einen Kanal. Durch dieses Flußbett kann der »Reichtum der Herrlichkeit« Gottes Menschen in ihrem Lebenszentrum erfassen. Damit die Fülle Gottes die Sterblichen nicht blendet und nicht verbrennt, wird sie durch das Netzwerk des Betens in erträglichen Mengen ausgeteilt.
Wenn Menschen mit der unendlichen, unerschöpflichen Lebenskraft Gottes erfüllt werden, dann müssen sie zunächst, wie es im Text heißt, »durch seinen Geist am inneren Menschen« gestärkt werden. Die erbaulichen Floskeln, die wir hier vielleicht hören, beziehen sich wahrscheinlich auf einen ganz konkreten, lebenserhaltenden Vorgang. Es geht dabei um die Ausbildung innerer Strukturen, die die Betroffenen allererst aufnahmefähig machen. Das Licht Gottes blendet. Die Kraft Gottes zerstrahlt. Die Fülle Gottes sprengt. Damit das alles nicht geschieht, damit die Gegenwart Gottes heilsam wirkt, muß im Innern des Menschen erst einmal das Aufnahmeorgan für die Allmacht geschaffen werden. Das geschieht, wie der Text sagt, durch das Wirken des Geistes.
Erst dann kann gelingen, was das Ziel aller geistlichen Kniebeugen ausmacht. Der auferstandene, der über alle Himmel erhöhte, der mit der Gottesfülle erfüllte Christus zieht ein in ein zerbrechliches menschliches Herz und mit ihm alle Liebe und mit ihm alle Erkenntnis.
Liebe und Erkenntnis: Es mag verwunderlich erscheinen, daß ausgerechnet diese beiden Stichworte dazu dienen, um die Herzensbesetzung durch Gottes Macht zu beschreiben. Aber es geht dabei sicherlich nicht um intellektuelle Höchstleistungen oder leidenschaftliche Gefühlswallungen. Durch die himmlische Liebe sind Menschen mit allem, was ist, und sei es noch so irdisch, verbunden. Durch die himmlische Erkenntnis können Menschen alles, was ist, und sei es noch so geheimnisvoll, verstehen. Wen die Macht des auferstandenen Christus erfüllt, der gewinnt Anteil an der Liebe und an der Weisheit der Allmacht.

IV.

Der Weg in die Fülle führt von den Knien in das Herz. Und geht dann ganz einfach weiter. »Wes das Herz voll ist, des fließt der Mund über«. »Dem aber, der überschwenglich mehr tun kann als alles, was wir bitten oder verstehen, nach der Kraft, die in uns wirkt, dem sei Ehre in der Gemeinde und in Christus Jesus zu aller Zeit, von Ewigkeit zu Ewigkeit«.
Eigentlich müßte die Predigt jetzt aufhören, und wir müßten schon anfangen zu singen. Das ist das Ziel der Schöpfung, der Sinn unseres Lebens, der Inhalt jedes Atemzugs. »Halleluja bekodscho halleluja«. Gelobt sei Gott in seinem

Heiligtum, gelobt sei Gott. Alles Leben ist zuerst und zuletzt und immer Lobgesang.
Warum ist das so?
Der Weg in die Fülle Gottes führt von den Knien in das Herz. Aber wenn wir auch nur ganz von Ferne von dieser Fülle berührt werden, dann ahnen wir: Gott kann »überschwenglich mehr tun als alles, was wir bitten oder verstehen«. Wir sollen durchaus etwas tun, aber Gott tut viel mehr. Wir können durchaus viel verstehen, aber Gottes Wahrheit ist unendlich viel größer. Im Lobgesang überlassen sich Menschen dieser Unendlichkeit.
Mit gebeugten Knien der harten Erde verhaftet, im zerbrechlichen Herzen mit Gottes Kraft angefüllt, geraten die Heiligen in Sphären, die alle irdischen Grenzen übersteigen. Mit ihren Stimmen treten sie ein in einen Bereich, der »zu aller Zeit, von Ewigkeit zu Ewigkeit« alles, was ist, mit dem Lob Gottes durchklingt. Und sie begreifen, wie es der Text sehr genau ausdrückt, was diesseits und was jenseits des irdischen Raumes ist, sie begreifen das Endliche und das Unendliche, »die Breite und die Länge und die Höhe und die Tiefe«. Ihm sei Ehre in der Gemeinde und in Christus Jesus zu aller Zeit, von Ewigkeit zu Ewigkeit.

Herr, ewiger und allmächtiger Gott.
Aus der Tiefe dieser Erde rufen wir zu Dir.
In den Dunkelheiten des Lebens hast Du uns erleuchtet.
In der Ohnmacht des Leidens hast Du uns geholfen.
In der Armut des Glaubens hast Du uns gestärkt.
Dank sei Dir und Deiner Barmherzigkeit.
Ehre sei Dir und Deiner Macht.
Wir beten Dich an
im Geheimnis Deiner Herrlichkeit.

Weil wir Dich in Deiner Allmacht und Unendlichkeit
Vater nennen dürfen,
so bitten wir in Demut und Vertrauen
für die, die Dich suchen:
führe sie auf allen Irrwegen ihres Lebens
den Weg zu Dir;
laß sie durch alle Irrtümer hindurch
Deine Wahrheit erkennen
und mit allen ihren guten und bösen Taten
Deinen Willen tun.

Weil wir Dich in Deiner Allmacht und Unendlichkeit
Vater nennen dürfen,
bitten wir in Demut und Vertrauen
für die, die anderen Mächten dienen:

Epheser 3,14-21

*die voller Haß und Gier
Menschen unterdrücken und die Schöpfung zerstören,
die voller Grausamkeit
Kinder quälen und Frauen schänden,
die voller Sucht
ihr Leben mit Drogen gefährden,
die in Hochmut und Verblendung
ihr Wissen verkaufen und das Recht beugen,
die voller Wahn für Religion und Rasse und Volk
Menschen opfern.
Du, Herr, hast die Macht über alle Mächte,
Du, Herr, kannst Menschen befreien.*

*Weil wir Dich in Deiner Allmacht und Unendlichkeit
Vater nennen dürfen,
bitten wir Dich in Demut und Vertrauen
für alle, deren Leben leer ist:
die keine Arbeit finden,
die keine Kraft mehr haben,
die keinen Sinn mehr sehen,
die einsam sind,
die hungern müssen und heimatlos sind,
die ausgestoßen und abgewiesen werden.
Du, Herr, bist die Fülle des Lebens.
Du, Herr, führst alle zu Dir.*

*Auf unseren Knien, Herr,
bitten wir Dich für die Menschen,
die Dich heute finden:
stärke sie mit Deiner Kraft,
erleuchte sie mit Deiner Klarheit,
mache sie reich mit Deiner Liebe.*

*Mit unserem Herzen, Herr,
danken wir Dir
für das Geschenk des Lebens,
für die Gewißheit des Glaubens,
für die Hoffnung auf Dein Reich.*

*Mit unseren Lippen, Herr,
rühmen wir Deinen ewigen Namen,
preisen wir Deine herrlichen Werke,
rufen wir Dich in Deiner Heiligkeit an:
Unser Vater –.*

Amen.

Vor dem Richterstuhl Gottes

Du aber, warum richtest du deinen Bruder? Oder du, warum verachtest du deinen Bruder? Wir werden alle vor den Richterstuhl Gottes gestellt werden. Denn es steht geschrieben (Jesaja 45,23): »So wahr ich lebe, spricht der Herr, mir sollen sich alle Knie beugen und alle Zungen sollen Gott bekennen.« So wird nun jeder für sich selbst Gott Rechenschaft geben.

Römer 14, 10-12

Der Göttinger Universitätsgottesdienst hat sich seit seinen Anfängen um die Harmonie zwischen Vernunft und Glauben, zwischen Wissenschaft und Religion bemüht. Dennoch ist zu vermuten: Mit diesem Text dürfte Paulus vor dem Richterstuhl einer aufgeklärten Universität große Schwierigkeiten bekommen.

»Wir werden alle vor den Richterstuhl Gottes gestellt werden«. Der Ausgang des Menschen aus seiner selbstverschuldeten Unmündigkeit setzt doch voraus, daß er sich von allen abergläubischen Vorstellungen befreit. Sittliches Handeln wird doch erst möglich, wenn es nicht aus Angst vor der Strafe erfolgt, sondern wenn es auf der Grundlage reiner Humanität, aus Respekt vor dem Recht, aus Achtung vor der Würde des anderen geschieht. Und so schön es wäre, wenn wenigstens in einem künftigen Reich Gottes der Ausgleich zwischen Gerechtigkeit und Glückseligkeit gelänge – die Rede vom Jüngsten Gericht ist längst als eine Projektion unserer Wünsche und Ängste durchschaut.

Deshalb hat der neue Protestantismus ein besseres Gottesbild entworfen. Der strenge Richter muß durch den barmherzigen Vater abgelöst werden. Und die moderne Theologie in unserem Jahrhundert sagt: Wir müssen die biblischen Texte von allen antiken Vorstellungen reinigen. Paulus, so lautet der entscheidende Vorwurf, Paulus arbeitet mit der Angst vor der Allmacht. Paulus beschwert die Gewissen. Paulus stört die Freude am Leben.

Man braucht den Ledergerber aus Tarsus gegen diese Einreden der akademischen Welt nicht zu verteidigen. Dieser Mann hat schon ganz andere Situationen überstanden. Mit erkennbarem Stolz zählt er die Liste seiner Leidensstationen auf: »Fünfmal habe ich von den Juden neununddreißig Geißelhiebe erhalten; dreimal bin ich mit Stöcken geschlagen und einmal gesteinigt worden; dreimal habe ich Schiffbruch erlitten, einen Tag und eine Nacht trieb ich auf hoher See. Ich habe weite Strecken zurückgelegt, ich bin in Gefahr gewesen durch Flüsse, in Gefahr unter Räubern, in Gefahr unter Juden, in Gefahr unter Heiden, in Gefahr in Städten, in Gefahr

in Wüsten, in Gefahr auf dem Meer, in Gefahr unter falschen Brüdern« (2. Korinther 11, 24-26).
Der Apostel, der ja früher auch nur ein Schriftgelehrter gewesen ist, hat das alles auf sich genommen und überlebt, weil er davon überzeugt war: »Wir werden alle vor den Richterstuhl Gottes gestellt werden«. Und es könnte ja auch in unserem wohl verstandenen Interesse liegen, uns als Mitglieder einer aufgeklärten Universität auf diesen Satz einzulassen.
Aufklärung bedeutet: die nüchterne, uneingeschränkte, kritische Wahrnehmung aller, auch der unangenehmen, auch der bedrohlichen, Realität. Und Mündigkeit heißt: in Freiheit die Verantwortung übernehmen für alle, auch für die fragwürdigen Einsichten und Handlungen der eigenen Person.
Weil durch die Zusammenarbeit von Vernunft und Glauben die Geheimnisse des Lebens etwas eindeutiger, etwas überschaubarer werden sollen, wird die Predigt den anstößigen Satz des Paulus in dreifacher Hinsicht behandeln:
1. Warum redet die Bibel vom Richterstuhl Gottes?
2. Was bewirkt die Rede vom Richterstuhl Gottes?
3. Wie können Menschen vor dem Richterstuhl Gottes bestehen?

I.

Wieso redet das Neue Testament vom Gericht Gottes? »Richtet nicht, damit ihr nicht gerichtet werdet«, haben wir im heutigen Evangelium aus der Bergpredigt Jesu gehört (Lukas 6, 37). Dahinter steckt nicht einfach eine Behauptung, auch keine moralische Wunschvorstellung: Es wäre schön, wenn wenigstens im Jenseits die Guten belohnt und die Bösen bestraft würden. Wenn man die neutestamentlichen Aussagen wirklich erfassen will, wird man sagen müssen: Sie beruhen auf einer wesentlichen Erfahrung des Lebens.
Was heißt richten? Am deutlichsten wird das vielleicht an jenen offiziellen Handlungen, an denen einige von uns immer wieder beteiligt sind. Richter und Richterinnen müssen urteilen, Lehrerinnen und Lehrer, Professorinnen und Professoren müssen Noten geben. Sie sollen das tun nicht im eigenen Namen, sondern im Namen des Volkes und nach den Maßstäben der Wissenschaft. Aber in ihren manchmal sehr schwierigen Entscheidungen, die sie in Freiheit vollziehen und für die sie die Verantwortung zu übernehmen haben, werden Lebenschancen verteilt. Jedes Urteil bestimmt ein Menschenleben, im Gericht, in der Klasse, im Examen. Die einen fallen durch. Die anderen steigen auf. Immer geht es um diese beiden Richtungen: nach oben oder nach unten.
In diesen offiziellen Handlungen kommt heraus, was auch für das private Richten gilt, von dem Paulus im Blick auf die Christengemeinde in Rom redet. Jeder von uns kennt diese Strategie. Durch die Abwertung des anderen

steigere ich immer mein eigenes Selbstwertgefühl. Ich bin stärker als der, denkt sich der kleine Junge auf dem Spielplatz. Ich bin klüger, schöner, besser, frommer als andere. Ich bin oben – du bist unten. Mit solchen Urteilen pflegen wir unseren Privatwahn, daß wir trotz aller Schwächen eigentlich ganz in Ordnung sind. Das ist auch nicht weiter schlimm und wahrscheinlich sogar die Bedingung für ein einigermaßen glückliches Leben. Aber es bildet auch die Grundlage dafür, daß im Konfliktfall tödliche Konsequenzen gezogen werden. Der andere muß weg. Diese Rasse muß weg. Diese Klasse muß weg. Dieser Glaube muß weg. Bei den Erwachsenen entsteht daraus sehr schnell das dämonische Spiel: Wir sind Herren über Leben und Tod.

Das Richten ist eine Strategie im Lebenskampf, manchmal harmlos, manchmal unvermeidlich, manchmal mit tödlichen Folgen. Wir alle sind in diese Handlungskette mehr oder weniger stark einbezogen. Wir richten. Und wir werden gerichtet, im Elternhaus, in der Ausbildung, in den wissenschaftlichen Debatten. Das Neue Testament rechnet damit, daß dieses Handlungsgesetz des Lebens weitergeht. Nicht nur zwischen Personen, nicht nur in Gruppen und Gemeinschaften, sondern auch in der Beziehung zu Gott.

In ihrem Gewissen ahnen die Menschen: Das Gesetz des Richtens ist ein hartes Gesetz. Irgendwann wird jeder und jede zum Tode verurteilt. Und so wünschen sich viele angesichts der Härte des Lebens wenigstens einen weichen, einen sanftmütigen Gott. Es wäre vielleicht ganz schön, wenn es einen solchen Gott gäbe. Aber es gibt ihn nicht. Der Gott, von dem Paulus, ja von dem das ganze Neue Testament redet, ist ein Gott des Rechts und der Gerechtigkeit. Er hat das Leben, er hat auch die Gesetze des Lebens geschaffen. Er hat sich selbst in Jesus Christus der menschlichen Urteilspraxis unterworfen. Weil dieser Gott keine gute Idee ist, kein Idol, kein humanes Gottesbild, sondern eine lebendige Macht, werden wir alle dem Richterstuhl Gottes überstellt werden.

II.

Was will Paulus, indem er vom Richterstuhl Gottes redet, bewirken? Die Alternative ist klar und von ihm an anderer Stelle auch ausdrücklich formuliert: »Lasset uns essen und trinken; denn morgen sind wir tot« (1. Korinther 15,32). Irdische Gerichte muß es auch deswegen geben, damit andere uns beim Essen und Trinken nicht stören. Und obwohl im Kampf um Lebenschancen auch bei uns viele große und kleine Untaten geschehen, funktioniert dieser Abschreckungsmechanismus noch immer ganz gut.

»Wir werden alle vor den Richterstuhl Gottes gestellt werden«. Das ist das Unheimliche, dieses »wir alle«. Nicht nur die kleinen Gauner und die großen Gangster. Wir alle jedenfalls, die mit der Angst vor dem Sterben und gleichzeitig mit der Hoffnung auf den Tod leben. Natürlich wollen wir nicht

Römer 14,10-12

aus dem Leben scheiden. Aber dann wird wenigstens alles aus sein. Und bis dahin können wir fast alles machen. Lasset uns essen und trinken! Lasset uns Schätze sammeln! Lasset uns Spaß haben! Lasset uns das Elend vergessen! Lasset uns die Erde ausbeuten ohne Rücksicht auf künftige Generationen! Die ganze Gesellschaft, in der wir leben, ist auf solche Maximen gegründet.
Paulus klärt auf. Befreit euch von dem Wahn, daß ihr euch nicht verantworten müßt. Entzieht euch dem Mythos, daß mit dem Tod alles zu Ende ist. Glaubt nicht, ihr kämt ungeschoren davon. Es wäre schön, wenn es einen lieben Gott gäbe. Und es wäre schön, wenn mit dem Tod alles zu Ende wäre. Aber beides ist nicht der Fall. Und es stimmt auch nicht, daß alle Menschen im Grunde ihres Herzens gütig und vernünftig sind. Deshalb haben auch wir diese Mahnung nötig: Wenn ihr nicht schon aus Liebe das Rechte tut, dann laßt euch wenigstens von der Gottesfurcht bewegen. Wenn ihr richtet, werdet ihr wieder gerichtet werden. Es scheint vernünftig zu sein, aus dieser Handlungskette herauszuspringen. Wer ganz nach oben kommen will, der sollte sich auf diese letzte Prüfung ordentlich vorbereiten.

III.

Wie können Menschen vor dem Richterstuhl Gottes bestehen? Paulus hat seine Anschauung im 2. Korintherbrief noch etwas genauer formuliert: »Wir müssen alle vor dem Richterstuhl Christi offenbar werden, damit jeder seinen Lohn empfängt für das, was er bei Lebzeiten getan hat, es sei gut oder böse« (5,10). Der Apostel vertritt also durchaus das, was man etwas abschätzig den Lohngedanken genannt hat. Er rechnet damit, daß auch die Christen und Christinnen in das Handlungsgesetz des Richtens einbezogen bleiben und daß auch sie vor Gott Rechenschaft ablegen müssen.
Vor einem menschlichen Gericht sollte man mit guten Gründen bekennen können: Ich bin unschuldig. Und in einer akademischen Prüfung sollte man mit gutem Verständnis die wesentlichen Einsichten der jeweiligen Wissenschaft wiedergeben können.
Paulus umschreibt das angemessene Verhalten vor dem Gerichtshof in der anderen Welt mit einem Zitat aus dem Buch des Propheten Jesaja: »So wahr ich lebe, spricht der Herr, mir sollen sich alle Knie beugen und alle Zungen sollen Gott bekennen« (Jesaja 45,23).
Das ist die Empfehlung, die Paulus uns für unser Leben und für unser Sterben mit auf den Weg gibt. Beuge deine Knie. Behaupte nicht: Ich bin unschuldig, sondern bekenne dich schuldig, auch wenn du einiges ganz gut gemacht hast und auf Lohn hoffen darfst. Und wiederhole dabei die wesentliche Einsicht des Glaubens, »daß Christus gestorben ist für unsere Sünde nach der Schrift und daß er begraben worden ist und daß er aufer-

standen ist« (1. Korinther 15,3 f.), damit alle, die an ihn glauben, das ewige Leben haben.
Beuge deine Knie. Bekenne den Glauben. Und du wirst bestehen.

Herr, ewiger und allmächtiger Gott.
Du bist der Schöpfer des Lebens.
Du bist das Licht der Wahrheit.
Du bist die Macht der Gerechtigkeit.
Wir danken Dir, daß Dein Wort uns aufklärt,
daß Dein Geist uns mündig macht
und uns aus aller Verstrickung befreit.

Vor Deinen Richterstuhl, Herr,
wagen wir deshalb zu treten und Dich
um des unschuldigen Leidens Deines Sohnes
Jesus Christus willen
für alle zu bitten, die Unrecht leiden:
für Menschen ohne Arbeit und Brot,
für Kinder ohne Familie und Glück,
für Flüchtlinge ohne Heimat,
für Hungernde ohne Hoffnung,
für Gefolterte ohne Beistand,
für Menschen ohne Frieden.
Überall, Herr, gibt es Opfer.
Immer, Herr, gibt es auch Täter.
Du bist ein Gott der Gerechtigkeit.

Um des unschuldigen Leidens
Deines Sohnes Jesus Christus willen
wagen wir, Herr, vor Deinen Richterstuhl
zu treten und Dich für die zu bitten,
die Unrecht tun;
daß sie herausfinden aus ihrer Verblendung,
daß sie befreit werden von ihrer Bosheit,
daß sie ablassen von Habsucht und Machtgier,
von Korruption und Intrige,
daß sie Gottesfurcht lernen
und Angst vor Deinem Gericht.

Weil Du ein gerechter Richter bist,
mit großer Macht und großer Barmherzigkeit,
bitten wir Dich für alle,

*die Verantwortung tragen:
um gerechtes Urteil in den Gerichten,
um faire Benotung in den Schulen und Prüfungen,
um menschliche Entscheidungen in der Verwaltung,
um Heilerfolge bei Ärzten und Therapeuten,
um gute Worte und offene Herzen in den Familien.
Schärfe die Gewissen.
Schenke Weisheit und Einsicht.
Gib Mut zur Strenge.
Und laß Barmherzigkeit walten.*

*Um des unschuldigen Leidens und Sterbens
Deines Sohnes Jesus Christus willen
bitten wir für uns:
um Vergebung für unsere Schuld,
für unsere Schuld,
für unsere übergroße Schuld,
um das Geschenk Deines Geistes,
um ein neues Leben
in Frieden und Freiheit und Gerechtigkeit.*

*Nimm Dich unser gnädig an,
rette und bewahre uns.
Denn Dir allein gebührt
der Ruhm und die Ehre und die Anbetung,
dem Vater und dem Sohn und dem Heiligen Geist,
jetzt und immerdar
und von Ewigkeit zu Ewigkeit.
Amen.*

Verzeichnis der biblischen Texte

2. Mose 33,18-23	88	Johannes 8,3-11	98
Jesaja 58,1-9a	144	Römer 4,17	52
Matthäus 1,1-17	41	Römer 14,10-17	170
Matthäus 10,34-39	131	1. Korinther 1,26-31	58
Matthäus 22,14	47	1. Korinther 2,1-16	71
Matthäus 25,31-46	83	1. Korinther 4,1-5	104
Matthäus 26,69-75	23	1. Korinther 7,29-31	67
Matthäus 27,3-10	63	1. Korinther 14,1-10	77
Markus 1,21-31	35	2. Korinther 2,14-17	156
Markus 9,2-10	150	Galater 2,11-21	17
Markus 9,15-29	113	Philipper 2,12-13	93
Markus 13,31-37	136	Epheser 3,14-21	165
Lukas 1,26-38	141	1. Johannes 4,16-21	125
Johannes 2,1-11	162	Offenbarung 5,1-14	119
Johannes 4,5-24	107	Offenbarung 15,1-8	29

Dank

Mein Dank gilt Annette Behnken und Norbert Schwarz, die beim Lesen der Korrekturen geholfen haben.

M. J.